まちづくり再考

現場から学ぶ地域自立への道しるべ

岡崎昌之／著

編集協力　自治体学会

ぎょうせい

はじめに

岡崎昌之さんは、横浜での自治体学会創設大会に参加し、そこで入会して以来、１９９０年に西尾勝編集部会長のもとで編集部会員（～１９９２年）、１９９３年に大森彌企画部会長のもとで企画部会員（～１９９９年）、２０００年から企画部会長を経た後、２００５年の鳥取大会から２０１０年の佐賀武雄大会まで、ちょうど変革期にあった自治体学会の代表運営委員を務めました。

岡崎さんによれば、当時の自治体学会の大きな課題は、一方で、創設時から学会活動を中核的に担ってきた団塊の世代の自治体職員の方々が、退職とともに自治体学会を退会していき、他方で、若いメンバーの入会が少なく、全体的に縮小傾向にあったことでした。何とか若い職員や研究者に会員として参加して貰うと同時に、学会の魅力と活力を拡大していこうとしていました。

その意欲的な取り組みの一つが自治立志塾（集中講義）の開催でした。それは、２０１２年、中島興世代表運営委員の熱い思いと各地の自治体学会員有志の協力を得て、学会の事業部会の企画・運営により行われ、地方自治に関する研究報告や議論を通じて蓄積してきた体系的な英知を、集中講義による形のある財産として残し、次世代に引き継ぐことを目的としていました。その第1弾が西尾勝さんの制度論（自治・分権再考）、第２弾が大森彌の職員論（自治体職員再論）でした。どちらも自治を確立するための仕組みや担い手という行政主体あるいは行政作用についての講義だといえます。第３弾が自治の現場に焦点を当てた岡﨑さんによる「まちづくり実践論」の講義となったのです。

事業部会の案内には次のように書かれていました。「岡﨑先生は、永年にわたりまちづくりの現場を訪れ、まちづくりのキーマンやそこに暮らす人々、さらにはそれに携わってきた自治体職員らとの交流を通じて、まちづくりとは何かを探求しつつ、その背景や行先に思いを寄せてこられました。数多くの事例を踏まえたケーススタディを通して、まちづくりの体系を学び、自らの地域活性化に資する引き出しを豊富にできる絶好の機会として御活用ください。」

岡﨑さんの集中講義は、第１回が２０１７年２月25日～26日に東京（会場・内田洋行・新川本社ユビキタス協創広場）で、第２回が２０１８年１月20日～21日に愛媛県内子町（内子自治センター）で、第３回が２０１８年６月30日～７月１日に大阪府豊中市（豊中市立文化芸術センター）で、第４回が２０１８年12月１日～２日に岩手県遠野市（遠野みらい創りカレッジ）で、行われました。

内子町ではえひめ地域づくり研究会議相談役で、内子のまちづくりのレジェンド・岡田文淑さんとの対談を行い、豊中市では帝塚山大学名誉教授の中川幾郎さん、地域住民と外部人材による地域づくりに取り組んでいる自治体学会員で兵庫県朝来市職員の馬袋真紀さんとの鼎談を行い、遠野市では遠野市役所に在職中から遠野市の新しいまちづくりに奔走し、３年早く役所を退職し、「ＮＰＯ遠野山・里・暮らしネットワーク」を立ち上げた菊池新一さんと対談を行っています。一人で話し通すのではなく、現地の人と対話しています。「まちづくり実践論」の講義にふさわしいプログラムの工夫でした。

　これまでの集中講義の成果は、第1弾は西尾勝『自治・分権再考～地方自治を志す人たちへ～』（平成25年4月、ぎょうせい）、第2弾は大森彌『自治体職員再論―人口減少時代を生き抜く』（平成27年8月、ぎょうせい）として刊行されましたが、いずれも、「編集協力　自治体学会」となっており、「はじめに」を中島興世代表運営委員が書いておられます。それとは異なり、本書の「はじめに」を大森が記すことになった経緯について一言触れておきたいと思います。

　一つは学会の事情です。自治立志塾の集中講義の企画運営は学会の事業部会（部会長・埼玉県職員の發地和弘さん）の担当でした。自治体学会の組織運営は、２０１５年８月に規約改正により、運営委員・三代表運営委員方式から、評議員・理事会（正副理事長・理事）方式に変更になり、２０１６年８月に東京大学教授の西村幸夫理事長のもとで新たな体制に移行しました。事業部会は２０１８年８月25日に地域支援部会（部会長は田中富雄・大和大学政治経済学部准教授）に変更になりました。こうした事情もあり、「はじめに」の執筆について大森に岡崎さんから打診が、また金井利之理事長（２０１８年８月就任）からの要請もあり、引き受けることになりました。

　もう一つの事情は、やや遠慮がちであった岡崎さんに、是非とも集中講義を引き受けられるようにお勧めしたことです。わが国の地域づくりの歴史に岡崎さんがくっきりと足跡を残されているからです。

私が岡﨑さんと出会ったのは、岡﨑さんによれば１９７４（昭和49）年1月11日でした。岡﨑さんが勤務していた日本地域開発センターに、立教大学教授の奥田道大さん（社会学）が主査で岡﨑さんが事務局を担当されていた「地域社会研究会」がありました。その第1回の集まりは１９７３（昭和48）年1月22日に開かれ、東大の西尾勝さんが、「アメリカのコミュニティ・アクション・プログラム」について報告しています。私は、その西尾さんの推挙もあって、第4回の研究会に招かれ、「日本の政治伝統と住民運動」と題する報告を行い、これを機に研究会のメンバーになりました。１９７５（昭和50）年11月6～8日の北海道池田町シンポジウムをはじめとし、「地域社会研究会」は全国各地を訪れました。センターの月刊雑誌『地域開発』に何度も拙稿を掲載していただきましたが、岡﨑編集長のご厚意があってのことでした。

岡﨑さんは１９９４（平成6）年9月にセンターを退職し、10月から福井県立大学へ赴任しましたが、同じ年の11月には、１９９６年に法政大学総長になられた清成忠男先生を中心に「地域政策フォーラム」を立ち上げ、２００３年2月まで調査研究活動をご一緒することが続きました。

岡﨑さんとご一緒した現地活動を思いつくままに挙げれば、田園都市を考える遠野会議、大分県湯布院町の「潤いのあるまちづくり条例」、石川県門前町の日本海・文化交流会議、静岡県大井川町まちづくり、隠岐シンポジウム、市長勉強会（東北、南九州、四国、北陸）、明日の四国を考える高松会議、国際山間過疎地域研修研究プロジェクト、熊本県小国町九州ツーリズム大学などです。事業企画、現地との打ち合わせ、人選や日程調整など、岡崎さんは抜群の事務局能力を発揮されました。その誠実で穏やかな人柄も研究会運営には貴重でした。

岡崎さんが、語り書く時の視座は、北海道池田町シンポにご一緒していただいた川喜田二郎さんの学問論でいえば「野外科学」に近いように思います。観察対象を野外（フィールド、現場）におき、データ・事実をして語らしめる方法です。岡崎さんが蓄積されてきた数多くの「事例」はそれを表しています。現地で出会った土地と人々に共感し、その価値を見出す努力を重ねられています。岡崎さんは、地域開発、地域づくり、地域おこしと呼ばれる活動に関心を寄せてきましたが、開発は、もともと仏教でいう「開発（かいほつ）」で、自らの仏性を開きおこし、真の道理を悟ることを意味する言葉だといわれますが、地域開発も、この「かいほつ」に近い意味、すなわち各地域の潜在的可能性（価値）を地域の人々が自ら引き出す、自ら創り出すことではないかと考えておられるように思います（本書の第2講の4）。

１９８７（昭和62）年10月に全国町村会の「町村自治研究会」から委嘱を受けた「町村研究フォーラム」でご一緒しましたが、それ以来、全国町村会の研究会（「町村の新しい自治制度に関する研究会」「道州制と町村に関する研究会」「町村に関する研究会」）のメンバーであり続けているのは、国内外の条件不利地域（過疎地域、離島など）の地域再生問題や、それら地域における農林業、観光、グリーンツーリズムなどの地域振興のあり方に強く関心をお持ちだからです。また、地域活性化センターの「全国地域リーダー養成塾」の主任講師（１９９５年～２０００年、２０１８年）を、また「地域づくり団体全国協議会」の会長を引き受けられてきましたのも、地域づくりの人材育成に一方ならぬ熱意をお持ちだからです。
岡﨑さんとは46年以上の付き合いとなりましたが、旅から旅へと明け暮れしていた日々を懐かしく思い出しつつ、こうした旅での豊富な知見が、この度の集中講義「まちづくり実践論」に結実したことを心から喜び、本書を一人でも多くの学会員と全国の「地域人」に読んでほしいと願っています。

2019（令和元）年　秋

元自治体学会代表運営委員・顧問
東京大学名誉教授　大森　彌

目次

『まちづくり再考―現場から学ぶ地域自立の道しるべ』

第5講　地域課題解決型まちづくり――125

第1講　まちづくり再論

1　いまなぜ「まちづくり」再考か

まちづくりの変遷

〝まちづくり〟という言葉が生まれ、多様なまちづくりが実施、実践されて50年ほどになる。都市における住民組織づくりとその活動、景観形成、地方都市の中心市街地空洞化への取り組み、過疎化や高齢化を乗り越えようとする農山漁村の試み、農林水産物に付加価値を付けようと取り組む加工や6次産業化、地域価値を最大限に活用したツーリズムや農泊、環境保全や自然保護など、〝まちづくり〟という言葉が内包する意味は多岐にわたってきた。

しかしここ十数年、大きな変化やうねりともいえるものが、この〝まちづくり〟の中に幾つか現れ始めた。最も大きな変化は、20代、30代の若い世代が、地方都市や農山漁村に対する関心を高めてきたことである。戦後あるいは戦前にもなかったことではないか。団塊世代の子供たち、すなわち団塊世代ジュニアを波がしらとして、農山漁村の特定地域をピンポイントで選び、そこに生活の足場を築いていく、そのような若い世代の暮らしぶりが全国に広がってきた。

２００９年3月の総務省「地域おこし協力隊推進要綱」によって始まった地域おこし協力隊は、その動きを如実に示すひとつの施策といえる。２００９（平成21）年に89人で始まったこの試みは、

２０１９年には5千人を超えた。将来的にはより拡大して、２０２４年には8千人にしようとする動きもある。この若い世代の、地方、農山漁村を目指す動きは日本だけに限らない。アメリカ、スイス、フランス、イギリス等のまちづくりの現場においても確認できる。

もう一つは、情報技術の急速な発展やその日常化により、地域の情報発信やデジタルデータ等を活用したまちづくりの取り組みが、活発になってきたことである。インターネットの普及は人と人との関係も大きく変えた。若い世代はこれらを活用して、多くの情報を集め、自身の情報を発信する。国内はもちろん海外とも容易に情報が行き交うことになり、まちづくりを大きく後押ししている。

またいわゆる「地方消滅論」を契機に、２０１４年11月の「まち・ひと・しごと創生法」に基づいて始まったのが、「地方創生」である。それぞれの自治体で提起された地方創生戦略事業をみると、やや画一的で個別事業が列挙されたプロジェクト主義的なきらいがある。その点では、今後策定される各自治体の総合計画等で、地域のグランドデザインを明確にしていく必要があるだろう。ただ各自治体の地方創生戦略の多くが、地域づくりを担う人材育成の必要性を掲げていることは、これまでになかったまちづくりに対する新しい視点である。

40数年前、幅広い人脈と多様な人材によって「地域社会研究会」（後述）が組織された。単に机上の研究だけでなく、地方自治、産業振興、地域文化など、多方面からまちづくりに取り組み、また北海道から沖縄まで、様々なまちづくりの現場に関わってきた。その広がりは全国的なものとなり、一部は海外とも連携した。研究者、自治体関係者、また商工業者や農林漁業者など現場を担う人など、多くの人が参画し、まちづくりとは何かを考えつつ、まちづくりに挑んだ。

この〝まちづくり〟に関わる原点とでもいえる試みを振り返り、現在につなぐことが、最近のまちづくりの新しいうねりを一時的なものとすることなく、国土や生活空間を持続的に、魅力あるものとする一助になるのではなかろうか。

自治体学会との関わり

自治体学会には創設時から参画してきた。西尾勝編集部会長のもと編集部会員、大森彌企画部会長のもと企画部会員、２０００年からは企画部会長として、新潟長岡大会から千葉大会（２００４年）まで、全国大会の企画運営に携わってきた。また２００５年の鳥取大会から２０１０年の佐賀武雄《たけお》大会まで、代表運営委員として、ちょうど変革期にあった自治体学会の改革に関わった。

当時の自治体学会の大きな課題は、会員数の減少と高齢化であった。創設時から学会活動を中核的に担ってきた団塊の世代の自治体職員の方々が、退職とともに自治体学会を退会していく。その一方で、若いメンバーの入会が少なく、全体的に縮小していた。この傾向は現在も払拭されているわけではない。何とか若い職員や研究者に会員として参加して貰うと同時に、学会の魅力と活力を拡大していこうと様々な取り組みを行った。

「自治立志塾」もその流れをくんだ試みのひとつといえる。２０１２年に西尾勝先生が自治、分権を中心に制度論、２０１３年に大森彌《わたる》先生が自治体職員論を、それぞれセミナーとして10時間講義が行われた。自治の現場に焦点を当てて「まちづくり実践論」セミナー開講の相談を受けたとき、両先生の後を受けてのセミナーはとても気が重かった。ただ大森先生から「地域社会研究会（後述）で取り組んだ頃のまちづくりのことは、もうみんな忘れている。ぜひまとめて話して貰いたい」と背中を押された。そののことが今回の「まちづくり実践論」を引き受けた切っ掛けである。

2　「地域社会研究会」の立ち上げ

㈶日本地域開発センター

ちょうど前回の東京オリンピックが開催された１９６４（昭和39）年、都市問題や国土開発に取り組むことを目的に、研究財団日本地域開発センターが設立された。経済同友会等の経済界と学会が連携し、高度経済成長が進展する中で、国土開発や国土管理の諸問題、大都市への過度な集中が招いた諸課題、急激な地価高騰と土地問題、公害問題等について幅広い研究と提言をおこなうという趣旨であった。

会長は当時、財界総理ともいわれた小林中氏（元日本開発銀行総裁）、副会長は茅誠司東大総長、財界理事は芦原義重氏（関西電力社長）、宇佐美洵氏（日銀総裁）、木川田一隆氏（東京電力社長）、中山素平氏（興銀会長）他、当時の財界を代表する諸氏であった。

一方、学会からの研究理事は、磯村英一氏（都市社会学・東洋大学学長）、鵜飼信成氏（行政法・国際基督教大学学長）、大来佐武郎氏（日本経済研究センター理事長）、川野重任氏（農業経済学・東京大学）、木内信蔵氏（地理学・東京大学）、米谷栄二氏（交通工学・京都大学）、高山英華氏（都市計画学・東京大学）、丹下健三氏（建築学・東京大学）、都留重人氏（経済学・一橋大学学長）、八十島義之助氏（土木工学・東京大学）他で、これもそうそうたる顔ぶれであった。財団の研究活動を牽引した研究理事は、学問分野横断的に学際性が意識され、東京だけでなく、名古屋、関西からも研究者が集まった。[1]

高度経済成長の中で、東京への一極集中、全国総合開発計画、新産業都市や工業整備特別地域（新産・工特）の地方展開、地価問題など、対処すべき課題の大きさと深刻さが、日本を代表するこれら多くの人々を糾合させたともいえる。当時の新聞（『朝日新聞』1963年9月17日）では一面トップで研究財団の設立が紹介されている。

財団の主要な事業は、地域開発関連研究調査事業、研究者交流、機関誌発行であった。学会研究理事で財団の調査研究事業を運営していくため、研究委員会が結成され、ほぼ毎月、研究プロジェクトの決

1　その後、時代を経て、理事の若返りが徐々に図られ、天野光三氏（交通工学・京都大学）、伊藤滋氏（都市計画学・東京大学）、伊藤善市氏（経済学・東京女子大学）、伊東光晴氏（経済学・京都大学）、大森彌氏（行政学・東京大学）、奥田道大氏（社会学・立教大学）、清成忠男氏（経済学・法政大学）等の諸氏が理事として参画した。

定と進捗状況の報告がなされた。設立2年後には米フォード財団から55万ドル（当時レートで約2億円）の研究支援グラントもあり、研究者交流では国内の若手研究者を海外に留学派遣すると同時に、海外の研究者を招聘し、国際シンポジウム等を開催している。招聘された研究者は、D・ヒープ氏（イギリス・ニュータウン法）、N・ギンスバーグ氏（アメリカ・地理学）、E・ワイズマン氏（国連）、C・ドクシアデス氏（ギリシャ・都市計画学）、C・アレキザンダー氏（アメリカ・建築学）等々、世界的にも著名な研究者たちであった。

研究プロジェクトでは、全3巻からなる『日本列島の将来像』（１９６９（昭和44）年）にまとめられた研究は、直後に政府が策定した新全国総合開発計画（新全総）にも影響を与えた。研究テーマは多様で「大都市開発」、「地価対策」、「人間と都市環境」、「公害の経済学的分析」等々、地域開発に関わる様々な研究課題に対応していった。また財団の研究成果の発表を目的に発刊された月刊『地域開発』も、１９６４年10月創刊で、設立当初から発行されている。まちづくりや地域問題に関する刊行物がほとんど存在しなかった当時としては、貴重な刊行物であった。

「地域社会研究会」発足

地域開発センターの調査研究は順調であったが、参加していた若手研究者からは異論も出ていた。テーマの大型化が現実の課題解決に結びついているのか、都心の会議室内だけでの議論では、地域の実態とかけ離れるのではないか等の要望であった。そこで、テーマに縛られず若い研究者を中心に、研究プロジェクトを立ち上げてみてはどうかと、研究委員会からも意見が出て、高山英華研究委員長、磯村英一委員等の賛同も得て「自由テーマ研究会」の設置が同意された。

他方、東京都町田市では、毎年1万人ずつ人口が増加するという東京郊外都市特有の課題に取り組むため、向坂正男氏（総合研究開発機構理事長）を委員長にして「長期計画策定委員会」が設置されていた。自由テーマ研究会のメンバーであり、町田市の長期計画策定に関連して、コミュニティ調査を実施していた奥田道大《みちひろ》氏（立教大学）から提案があった。それは、市の嘱託として長期計画策定を担当していた森戸哲氏（後に地域総合研究所長）や市職員であった渋谷謙三氏とも協議の上、地域開発センターの研究会と町田市で連携し、当面、町田市を現場として研究会活動を展開するというものであった。早速、奥田氏を代表として１９７２（昭和47）年12月、「自由テーマ研究会」を改組して「地域社会研究会」が発足した。

高度成長期の大都市集中を象徴するような人口急増都市の町田市では、市内に次々と団地が建設され、小学校等の施設も続々と整備されているといった状況であった。いわゆる革新市長として市政を担っていた大下勝正市長は、住民の生活実態を把握するため『団地建設と市民生活（団地白書）』（１９７０（昭和45）年11月）を取りまとめた。またまちづくりに積極的に住民の参画を求め、市役所内だけで考えるのではなく、専門家や住民とともに町田市の将来を模索する基本構想「考えながら歩くまちづくり」（１９７３（昭和48）年）を策定していた。

そうした住民の参加を促す意味で企画されたのが、１９７３（昭和48）年９月の「23万人の個展」であった。団地等に移住してきた新住民と、従来からの居住者の間には、種々の軋轢も生まれるようになっていた。しかし郊外都市町田市にとっては、そこに住む住民こそが、まちづくりの最大のパワーだと考え、23万人市民の個性の展示の場、交流の場を作ろうと、市内の目抜き通りを１日歩行者天国にした市民祭であった。そういう場を通じて、まちづくりを担う新しい人材が浮かび上がってくるという期待もあった。１年に１万人ずつ人口が増えるため、翌年は「24万人の個展」、そして「25万人の個展」へと名称も変化し続いた。

「地域社会研究会」でも研究メンバーを拡大し、研究テーマを模索するため、頻繁に研究会を開催した。最初の研究会報告者は西尾勝氏で「アメリカのコミュニティ・アクション・プログラム」をテーマにしたもので、研究会メンバーについては大森彌氏を推薦され、大森氏からも「日本の政治伝統と住民運動」のテーマで研究会報告をして貰い、メンバーに入っていただいた。

町田市を拠点にしながらも、研究会報告や情報をもとに、首都圏で取り組まれていたまちづくりの現場を頻繁に訪れている。奥田代表が関わった国民生活審議会コミュニティ問題小委員会報告『コミュニティ―生活の場における人間性の回復―』（１９６９（昭和44）年９月）は、当時、都市社会学や地方自治関係者のあいだでは、話題になった報告書であった。

農村型とも都市型とも位置付けることの困難な、大都市周辺で形成される地域社会を「地域性と各種の共通目標をもった、開放的で構成員相互に信頼感のある集団」と位置づけ、「従来の古い地域共同体」とは異なるものとした。この報告をもとに当時の自治省では、1971年から「モデル・コミュニティ」づくりの事業を実施している。当時の担当者であった木村仁氏（自治省・当時）からも研究会報告を受け、その現場も多く訪れている。研究会での主要報告者、主要現地調査は表1－1のとおりである。

北海道池田町との出会い

「地域社会研究会」のひとつの転機は、北海道池田町との関わりであった。池田町は1952（昭和27）年の十勝沖地震で

表1－1　地域社会研究会 発足時（1973年～1975年）
主要報告者とテーマ・主要現地調査地域

西尾　勝（東京大学）	「アメリカのコミュニティ・アクション・プログラム」
内田雄造（東洋大学）	「国立のまちづくり運動」
木村　仁（自治省）	「モデル・コミュニティ」
大森　彌（東京大学）	「日本の政治伝統と住民運動」
津端修一（地域振興整備公団）	「地域振興整備公団と地方都市整備」
日笠　端（東京大学）	「コミュニティ・プランニング」
高見沢邦郎（東京都立大学）	「高知市のコミュニティ・カルテ」
玉野井芳郎（東京大学）	「地域共同体の再生」
樺山紘一（東京大学）	「中世ヨーロッパと地域」
薄井　清（町田市）	「農業の本質と都市行政」
川喜田二郎（川喜田研究所）	「地域開発と参画～ネパールの経験から」
中谷健太郎（大分県湯布院町）	「湯布院のまちづくり」
丸谷金保（北海道池田町）	「池田町の現況について」
他	

（　　）内所属は当時

千葉県習志野市	「地域担当制」
神奈川県川崎市	「河原町団地、駅前再開発」
神奈川県藤沢市	「モデル・コミュニティ、西部ニュータウン」
東京都三鷹市	「大沢地区コミュニティセンター」
神奈川県横浜市	「都市農業、清掃センター、地区センター、MM21」
東京都町田市	「都市農業」
千葉県流山市	「八木南地区モデル・コミュニティ」
名古屋市周辺	「高蔵寺ニュータウン、岩倉団地」
静岡県引佐町	「農業問題」
大分県中津市・湯布院町・下郷農協	「大分県のまちづくり」
東京都国立市	「まちづくり運動」
神戸市丸山地区	「まちづくり運動 ～たたかう丸山・考える丸山」
他	

12億円の大規模な被害を受け、その後続いた冷害等の影響で、財政は破綻状態となった。町の状況を何とか立て直そうと、１９５７（昭和32）年の町長選挙に、池田町の農業青年たちは隣の士幌村（当時）で農民同盟事務局長をしていた丸谷金保氏を担ぎ出した。

大方の予想に反し、37歳の若さで町長に当選した丸谷氏は、卓越したリーダーシップと探求心、調査能力で池田町のまちづくりを牽引した。町内に自生する山ブドウを改良してワインづくりに成功し、十勝ワインとしてブランド化した。それを起点に産業振興のみならず、福祉や教育分野、国際交流まで、幅広いまちづくりを展開した。[2] 池田町のまちづくりの経緯と概要については第2講で述べる。

全く経験のないワインづくりに、自治体として取り組むことは大きな挑戦であった。当時は、なぜ自治体が酒造りなどに手を出すのかと、ワイン醸造の免許を税務署から取得すること自体も困難であった。たとえワインづくりに成功しても、それを販売することは、経験のない役場職員にとってより困難なことであった。そうしたことに果敢に取り組み、成果を挙げた池田町のまちづくりはマスコミにも多く取り上げられた。

大都市のコミュニティ形成や環境問題に主な関心を寄せていた「地域社会研究会」では、その情報に大きな関心を持った。町田市内でポニーによる子どもの育成に取り組んでいた一市民が、たまたま池田

2　まちづくりの詳細は、丸谷金保『ワイン町長奮戦記』（読売新聞、１９７２年）、同『乾杯！ワイン町長』（日本の自治を考える会、１９７６年）、亀地宏『ワインロードのランナーたち』（公人社、１９９２年）に詳しい。

町出身者であったことも幸いした。現地調査で池田町を訪れると、そのまちづくりの実態は、断片的なマスコミ情報をはるかに超えた、迫力のあるものであった。山ブドウという地元の産物を加工して、付加価値を付けて地域外に売り出す、といった単純な産業振興の取り組みではない。気候風土の似たドイツまで職員を派遣し、技術を習得し、池田町自らがワイン醸造の技術を構築するという、ゆるぎない信念を持って進められていた。

山ブドウに付加価値を付けて外に売り出すだけではなく、まずは住民とともにワインを楽しみ、ワインを町の生活文化にしなければ、池田町は単なるワイン製造工場になってしまう。それでは大手のワイン醸造企業にかなわない。役場の一角は、昼食時にはワインやステーキが楽しめるレストランとなり、住民や町外からの来客が食事を楽しみ、役場職員は交代で白い上っぱりを着て料理を運んでいた。

調査の際、役場を訪れ、統計書や町勢要覧の提供を依頼すると、担当者は「そういったものは作っていない」という。今でこそそれらの資料はデジタル化され、事前にホームページなどで確認していくのは当たり前であるが、１９７３（昭和48）年当時はごく普通に調査等の来訪者には提供されるものであった。理由を聞くと「統計書や町勢要覧は住民には配らない。住民に不要なものは印刷しない」とのことで、その割り切った姿勢には清々しさすら感じたのを覚えている。ただその当時の池田町には、夜、町内でワインを楽しむ店もなく、住宅もこれで冬の零下20度を過ごせるのか、と不安感を覚えるほどの状態であった。

池田町の情報を研究会に持ち帰り、北の大地で展開されているこの取り組みを、どのように受け止め理解するかが一つのテーマになった。研究会メンバーだけでなく、研究会での報告者や現地調査で訪れた各地域にも呼び掛け、できるだけ幅広い視野と、多様な専門的視点から、池田町の試みを解明しようと企画したのが〝まちづくりシンポジウム〟であった。

3　〝まちづくりシンポジウム〟へ

早速準備に入り、丸谷町長が上京するたびに事前打合せもした。何度か「帝国ホテルに泊まっているので、ホテルのロビーで会いましょう」ということもあった。地域開発センターは当時、内幸町の飯野ビルにあったので、日比谷公園を斜めに横切れば歩いて行ける距離で助かったが「なぜ？」と思い、あるとき町長に聞いてみると「ここに泊まって、フレンチを食べて、実績を作って十勝ワインを売り込む」とのことであった。十勝ワインに自信を持ち、帝国ホテルでフランスのワインと並んで、十勝ワインがワインリストに入っているということは、大きな宣伝効果になることを見越して、自らトップセールスをしておられたわけだ。

(1) 北海道池田町まちづくりシンポジウム　～地域にみる生活と文化の再生～

〝まちづくりシンポジウム〟という仕組みを通じて、いかに池田町のまちづくりの実態に迫ることができるかが、地域社会研究会のテーマとなった。単なる社会調査ではなく、統計データを調べ上げるだけでもない。住民や役場職員に対する丹念な聞取りだけでも表れてこない、地域社会の実態に、シンポジウムという仕組みを通していかに迫るかが、研究会にも問われた。

思いつくあらゆるものを総動員して、シンポジウムを実施しようと準備をした。例えば池田町は、当時から町営でＣＡＴＶを運営しており、議会中継もしていた。「シンポジウムの様子はすべてＣＡＴＶで中継して町内に流す」とプログラム案にかかってに書き込んだ。町行政や町長に対する批判が出てくるかもしれない議論を、すべて住民の前にさらすことになる。担当者は渋ったが、丸谷町長や大石和也企業部長（後、町長）は「やりましょう。私たちは俎《まないた》の上の鯉だ」と研究会の要望を、ほぼすべて受け入れてくれた。

研究会と池田町とで、数度の行き来を重ねながら調整をし、まちづくりシンポジウムへの参加を全国に呼び掛けることになったのは、１９７５（昭和50）年の10月であった。呼びかけ文書の「シンポジウムの趣旨」には、地域社会研究会としてのまちづくりに込めた思いを述べている。まちづくりを定義した意義もあるので以下に再録しておく。

「シンポジウムの趣旨」

近年、全国各地で新しい「まちづくり」の試みが行われています。ここ数年来、そのような試みに注目し、調査研究してきた私たちは、「まちづくり」の活動が、それぞれの地域社会の歴史的、文化的な個性を基礎にして、その地域に本当に必要なものを、そこに生活する人々が自らの知恵と活力で発見し実現していく創造的な過程であるとの考えを一層強くしました。（中略）

しかし、「まちづくり」の活動には、例えば複雑な利害の対立、行政上の制約、各組織の体質など多くの隘路や難題が立ちはだかっている事も事実です。そこに、逡巡や失望、ときには事なかれ主義やあきらめもみられないわけではありません。けれども、課題が困難であればあるほど、それに挑むしたたかな精神と構想力こそが必要です。（後略）

〝まちづくり〟とは

この趣旨の中で研究会としても、はじめて〝まちづくり〟を定義したことになる。実は研究会では、大都市周辺部で取り組まれているコミュニティ活動、農業と環境、地域文化、観光と地域振興など、単なる施設整備の要求や反対運動ではなく、住民が主体となって、地域の歴史や文化に基づき、新しい生活の場を形成していくといった活動や動向を、どのような言葉で表すべきかを模索していた。

地域開発、地域振興、地域づくり、町づくり、街づくり、町造りなどの言葉は使われていたがどうもしっくりこない。そこで平仮名で〝まちづくり〟という言葉を使うことにした。近い言葉づかいとしては、当時、首都圏総合計画研究所（吉坂隆生所長）の機関誌に『まちつくり研究』（１９７７年～１９９１年）

というものがあった。

「趣旨」で述べたように、まちづくりとは「それぞれの地域社会の歴史的、文化的な個性を基礎にして、その地域に真に必要なものを、そこに生活する人々が自らの知恵と活力で発見し実現していく創造的な過程である」とした。

また〝まちづくりシンポジウム〟についても、単に集まって意見交換する機会というだけでなく、「ひとつの生きたまちづくりの素材に、自分の知性や感性をぶつけながら、何を学びとるかは各参加者の努力と個性に依存する」とやや意気込んで述べている。

〝池田町まちづくりシンポジウム〟のタイトルは「地域にみる生活と文化の再生」とし、１９７５（昭和50）年11月初旬の、２泊３日の濃密なプログラムとなった。参加者は全国から60人、当時、羽田―帯広は東亜国内航空のＹＳ11が飛んでおり、ほぼチャーター便に近いほどシンポジウムの関係者が乗り込んだ。機内では早速参加者に資料配布等が行われた。

日程の前半は池田町の現場をじっくりと見学する。後半は町の社会福祉センターホールで議論し、夜は十勝ワインと池田の産物を食べ尽くす、というハードな日程であった。議論の様子はＣＡＴＶで町内に放送され、中継を見ていた住民が、途中から会場に来て発言を求める場面もあった。研究会メンバーの中谷芙二子氏（アーティスト）と森口克弘氏（町田市役所）は、当時では珍しいビデオカメラを担いで住民の声を収録し、議論の途中で紹介もした。

川喜田二郎氏と“ＫＪ法”

地域社会研究会でゲスト報告もして貰っていた、文化人類学者の川喜田二郎氏も「面白そうなので行ってみよう」と参加してくださった。川喜田二郎氏はネパールやチベットの研究者で、ＫＪ法の発案者でもある。最近のまちづくりの過程でよく取り組まれる、ポストイットを使ったワークショップの手法は、ＫＪ法を基礎にしたものだ。ネパールやチベットでのフィールド調査で得た知見や情報を、現場で整理し、参加者が対等な立場で意見を出し合い、新しい発想へ繋げていくのがＫＪ法の狙いである。

シンポジウム参加者には池田町の現場を見るにあたって、ＫＪ法ラベルが4枚ずつ配られ、池田町のまちづくりについての、感想や意見が求められていた。二日目の夜にはこれを集めて、川喜田氏指導の下で、夜を徹して分類、図化する作業が行われた。自らラベル一枚ごとを模造紙の上に整理、配置する様子に、参加者は引き込まれた。まとめられた結果は翌日の討論会場で、川喜田氏から発表された。

ＫＪ法で取りまとめられた結果の中には、「ワインづくりを基幹とする池田町のまちづくりは、丸谷町長という素晴らしいリーダーのもと、他の地域では成し遂げられないほどの、天地創造ともいえ

川喜田氏自らKJ法のとりまとめ

る成果が上がった。ただ急激な展開には住民の戸惑いもある。人生の生きがいを満たし、量より質のまちづくりには今一歩か」といった厳しい指摘も含まれていた。

　しかし丸谷町長はじめ池田町では、それらの意見や批判を真正面から受け止めてくれ、翌年には住民主体の１００人委員会を創設し、住民参加の道を模索した。そうした動きには池田町の懐の深さを感じた。丸谷町長は翌年、５期途中で町長を退任した。後の東京での地域社会研究会では、「皆さんから、役場のリーダーシップが強すぎると指摘されたからね」と笑いながら話された。地域社会研究会メンバーは、池田町でのシンポジウムの終了後、幾つかに分かれ、シンポジウムに参加した道内の士幌町、美唄市我路《がろ》、釧路市などを訪ね、池田町を道内他地域から客観的に見る機会を得た。[3]

3　池田町シンポジウムの様子は、日本地域開発センター月刊『地域開発』１９６２年２月号「特集・シンポジウム・地域にみる生活と文化の再生」を参照。

表１−２　池田町外からの主なシンポジウム参加者

▶地域社会研究会

奥田道大氏（立教大学・代表）
森戸 哲氏（地域社会研究会）
中谷芙二子氏（アーティスト）
森口克弘氏（町田市）
大森 彌氏（東京大学）
林 泰義氏（計画技術研究所）
渋谷謙三氏（町田市）
岡﨑昌之（地域開発センター）　他

▶地域社会研究会関係者

高山英華氏（東京大学）
向坂正男氏（総合研究開発機構）
津端修一氏（地域振興整備財団）
下河辺千穂子氏（跡見女子大学）
八十島義之助氏（東京大学）
川喜田二郎氏（東京工業大学）
中谷健太郎氏（湯布院町）
他

▶自治体関係者

北海道帯広市・美唄市・釧路市・士幌町
埼玉県吉田町長
東京都日の出町長
静岡県引佐町
兵庫県西宮市
埼玉県川口市
東京都瑞穂町長
愛知県豊根村長
大分県湯布院町長
埼玉県秩父市
静岡県島田市長
大阪府松原市
鹿児島県横川町　他

（所属）はシンポジウム当時

池田町シンポジウムに参加した大分県湯布院町長清水喜徳郎氏と中谷健太郎氏から、シンポジウムの最後に、このまちづくりシンポジウムを次回は湯布院町で開催したいとの声が出て、全員が賛同した。

(2) 湯布院シンポジウム　～この町に子どもは残るか～

由布院、まちづくりへ　温泉数、湧出量とも日本一の別府温泉から、城島高原を越えた盆地にあるのが由布院温泉である。由布院町と湯平村が１９５５（昭和30）年に合併して湯布院町となった。当時の湯布院町は由布岳の麓の湿地帯、猪の瀬戸にゴルフ場開発計画が持ち上がり、「由布院の自然を守る会」が発足し（１９７０年）、「花水樹」が創刊され、「明日の由布院を考える会」が結成（１９７１年）される、まちづくり初期の頃であった。由布院の将来を模索するため、中谷健太郎氏、溝口薫平氏、志手康二氏（故人）は、西ドイツの温泉地にまちづくりを学びに出かけたりしていた（１９７１年）。

地域社会研究会としてはまちづくりシンポジウムを継続的に開催する計画や予定もなかったが、湯布院町のまちづくりには研究会としても関心があり、知己も多かった。すでに何度か現地を訪れてもいた。また池田町のまちづくりを「行政主導型」とすれば、湯布院町は「民間主導型」といえる。ただ池田町の「行政主導型」とは、住民の意向に配慮せず、硬直的、一方的にまちづくりを進めるといった意味ではない。冷害や災害で厳しい状況にある住民生活の中で、まずは役場や行政職員が中心となって、町の経済再生をめざして、柔軟でユニークなまちづくりを牽引しているといった評価を研究会ではもっていた。

湯布院町では「明日の由布院を考える会」など、住民の組織がまちづくりに乗り出し、主導権を発揮し始めた時期であった。湯布院町と池田町は、人口規模はほぼ同じで、北の大地で新しいまちづくりに取り組む池田町と、風土記や万葉集にもその地名が出てくる、長い歴史の上に築かれた湯布院町という対比も好対照で、研究会でも積極的に取り組むこととなった。

地元も中谷健太郎氏たちを中心に「これまでやってきた会合や会議ではないものにしたい。町長名で職員を動かし、観光協会や婦人会、青年団の代表が集まる会議では何も進まなかった。組織の延長体で動き、発言するのではなく、そこから脱却して個人で自立して行動するシンポジウムにしたい」という強い意向があった（1976年8月、日本地域開発センター「地域開発セミナー」での中谷氏発言）。

〝観光まちづくり〟を見据えて

湯布院シンポジウムの全体テーマは、地元からの意見で「この町に子どもは残るか」とやや衝撃的なタイトルとなった。池田町での大会議方式では意見交換が十分にできないと、分科会方式の「よりあい討論会」とした。そのテーマも地元と何度か協議して、次の5つとなった。

① 湯布院で生活するために必要な技術と文化を学ぶ学校や工房を創ろう

② 気持ちの通じる暮らしの場としてのムラを考えてみよう

③　湯布院人の暮らしと観光をどう組合わせるか
④　農業じゃ食えんという説を打ち砕いてみよう
⑤　湯布院の産物を湯布院人が消化する法

しかしシンポジウム当日の全体会で分科会テーマを説明していると、会場から「湯布院の問題はそれだけじゃあない」と声が上がり、⑥女性の問題をともに考えよう、⑦住民参加の方法は?、と二つのテーマが急遽追加された。

これら7つのテーマは、その後、湯布院が一つのモデルとして注目されることになる〝観光まちづくり〟への取り組みの基盤となっていたと考えられる。つまり、ともすれば外からの客をいかに増やすか、いかに楽しんで貰うか、といった外部指向になりがちなこれまでの観光のあり方を、まずは湯布院の人たちの暮らしのあり方を見つめ直し、気持ちの通じ合うムラをつくり、観光と地元の暮らし、観光と農業をいかに融合していくかといった、湯布院スタイルを模索する機会としたわけである。現在でも観光まちづくりを考えるうえで、十分検討に値するテーマといえる。

シンポジウムの開催は１９７６（昭和51）年7月の初旬とした。前年4月に発生した大分県中部地震で湯布院町も大きな被害を受け、開催が危ぶまれたが、全国から２００人を超える、まちづくり関係者が参集し、無事開催された。地域社会研究会との研究連携が始まっていた地域主義研究会（後述）からも、玉野井芳郎氏（東京大学）と清成忠男氏（法政大学）が加わったことは、その後の地域社会研究会の活動に新しい展開を持たらすことになる。とくに清成氏は湯布院町を地域経済的視点で既に調査しており、[4]シンポジウムでも基調報告をしていただき、その後、地域社会研究会のコアメンバーとして参加していただくことになった。

市町村長、自治体職員、研究者、学生、また研究機関、企業、マスコミなど幅広い立場の人たちが、熱心に７つのテーマのもとに議論した。その内容は多岐にわたるが、印象に残っているのは、湯布院の人たちがこのシンポジウムに取り組む真摯な姿勢であった。やっと軌道に乗ってきた観光という手段を通して、湯布院のムラ的地域性をいかに切り開き、都市や外の地域とどう連携していくか、そのために湯布院人らしい生活の場をどのように築き上げるか、こうした視点を参加者から貪欲に吸収しようとする意気込みであった。湯布院映画祭や音楽祭、牛喰い絶叫大会など、湯布院独自の文化活動が展開し始めていた由布院において、このシンポジウムがひとつの転機となり、湯布院の人たちの自信につながったといえる。

一村一品運動の芽も

当時、大分県副知事であった平松守彦氏（その後知事、１９７９〜２００３年）もこのシンポジウムに参加し、かねてからの持論であった県産品愛用運動を主張した。農家と旅館経営者が協力して特産品を開発していた湯布院町はもちろん、「梅栗植えてハワイへ行こう」のスロー

4　清成忠男「観光開発と中小企業・大分県湯布院町」（『地域の変革と中小企業』日本経済評論社、１９７５年）

ガンのもと、地域の作物を米作から果樹類に切り替え、農産物加工に力を入れるＮＰＣ運動に取り組んでいた大山町、麦焼酎で評判となった二階堂酒造の二階堂暹《あきら》氏など、この議論は、まちづくりシンポジウムの参加者を中心に、平松氏の知事就任とほぼ同時に一村一品運動へと展開（１９７９（昭和54）年）することになった。[5]

湯布院シンポジウムを切っ掛けに、湯布院町と地域社会研究会は、その後いくつかの具体的な取り組みをおこなっている。翌年には地元から乞われて研究会メンバーであった猪爪《いのつめ》範子氏が、由布院温泉観光協会事務局長に着任した。１９８０年代後半には由布院温泉は、ユニークなまちづくりとともに全国的に注目を集めるようになった。

それにつれてリゾート関連資本の開発事業が由布院盆地のなかまで進出する勢いを強めてきた。そこで１９９０（平成2）年には、リゾートマンション等の開発事業の規制、調整を図り、景観と環境を守るため、高さ制限等を含めた「潤いのあるまちづくり条例」を町と協力して作成した。１９９２（平成4）年には、計画技術研究所（林泰義代表・地域社会研究会メンバー）の協力を得て、地区ごとのワークショップを積み上げて、町の総合計画「一人からはじまる湯布院のまちづくり」を策定した。

5　湯布院シンポジウムの様子は、月刊『地域開発』１９７７年1月号「特集・湯布院シンポジウム・この町に子どもは残るか」を参照。

隠岐シンポジウムへ

〝まちづくりシンポジウム〟は、翌年、島根県隠岐へと引き継がれた。池田町から湯布院へとシンポジウムは繋がっていったが、研究会のテーマは、地域の自立はいかに図れるかであった。その究極の姿、厳しさを見つめるため、研究会のなかでも離島への関心が高まっていた。当時、全国の離島の状況や離島振興に最も詳しいのは、民俗学者の宮本常一氏であった。早速連絡を取り、研究会でお話を伺った。隠岐や佐渡の話は魅力的であった。自ら手掛けた佐渡の八珍柿（おけさ柿）の特産品化のいきさつなど、その造詣の深さに圧倒された。かなりご高齢であったが、都心での研究会の後も、深夜の新宿まで繰り出して話は続いた。宮本氏のアドバイスや地域開発センターの理事でもあった恒松制治氏（元学習院大学教授）が島根県知事であったこともあり、隠岐でのシンポジウム開催が決まった。

松江市の沖、60キロの日本海に位置する隠岐は、現在でこそ海士町《あまちょう》による隠岐島前高校の高校魅力化事業で、全国から注目を浴びている。しかし当時も、人口７００人の布施村（現隠岐の島町）が、林野庁の特定分収林事業（ふるさとの森づくり事業—都市の人たちに村内の杉、檜の所有者になって貰い、得た資金で森林の整備をおこない、伐採時に利益を折半する）の先鞭をつけるなど、ユニークなまちづくりに取り組む町村が多かった。

また隠岐は、後鳥羽上皇の配流《はいる》の地、北前船の拠点など、歴史的な蓄積の深い島である。島に滞在して、地元の方々の話を聞いていると、隠岐と日本列島の位置が逆転して、日本海の真っただ中に身を置き、そこから日本列島を見渡し、海を最大限に活用した生き生きとした島の生活が見えてくるようであった。

1977（昭和52）年11月、「島に生きる―隠岐」と題して、①島の子供と教育、②島の観光と自立、③島の資源、④島の伝統と近代化、⑤島の生活、の5分科会が、島前、島後の島を巡りながら、西郷町、布施村、海士町、西ノ島町で開催された。[6]

シンポジウムとアクションリサーチ

シンポジウムを地元と協働して企画、実施する仕組みを通じて、市町村長をはじめ多くの自治体職員や住民と直接連携することができた。そのなかから垣間見る池田町や湯布院町は、単に統計資料の分析とか、住民の意識調査やヒアリングから得られる情報に比べて、数段と内容の濃い地域の実態であった。地域は多面体で、付き合うたびに別の顔を表す。こちらが誠意をもって問いかけ、行動をすれば、それに対して地域からは、それまでとは異なる反応や実態が表れてくる。それは信頼関係に繋がり、相互に新しい関係性が生まれてくる。

外部から調査の名目で調査対象に対して、大きな影響を与えることは、調査としては好ましくないという社会学や地理学の農村調査や地域社会調査の姿勢も理解できる。しかしその地域の〝まちづくり〟を考え、共に将来に向けて取り組んでいこうとする際、こうした〝シンポジウム〟という地域との協働

6　隠岐シンポジウムの様子は、月刊『地域開発』1978年4月号「特集・隠岐シンポジウム・島に生きる」を参照。

の試みは、仕掛けられた一つのアクションであり、それを通じて地域を解きほぐし、新しい関係性を築くことは、地域の実像にもう一歩迫るひとつの道でもある。

シンポジウムの開催を巡り、様々なことが付随的に起こっている。北海道池田町では、「シンポジウムに参加するために、わざわざ池田町まで来てくれた地域には、何か学ぶものがあるはずだ」と職員が手分けして参加市町村を訪ね、その後の地域間交流に展開した地域もある。参加した自治体職員間でも交流が長く続いた。こうしたことが起こりうるのも、アクションリサーチと位置づけたまちづくりシンポジウムが、参加者に及ぼした熱気のひとつであろう。

4　沖縄シマおこし研究交流会議

「地域主義研究会」の地域主義

話は少しさかのぼるが、池田町シンポジウムの準備に入ったころ、「研究会」の奥田道大代表から「高校時代の同級生が〝地域主義〟という強烈なことを言っている」と紹介されたのが、湯布院シンポジウムに参加していただいた清成忠男氏であった。その「地域主義研究会」は１９７４年４月に組織された研究会で、清成氏は「地域主義」とは「①人間生活と生態系の調和をはかることが不可避になっている、②そのためには空間的に限定された地域が社会の原基形態になるべきだ。地域を土台にして社会の再組織化を推し進めようとする考え方」としている。[7]

　また玉野井芳郎氏は「地域に生きる生活者たちがその自然・歴史・風土を背景に、その地域社会または地域の共同体に対して一体感をもち、経済的自立性をふまえて、みずからの政治的・行政的自律性と文化的独自性を追求すること」と述べている。[8]この主張は地域社会研究会としても興味あるテーマで、早速、玉野井氏や清成氏、鶴見和子氏（社会学・上智大学）、樺山紘一氏（ヨーロッパ中世史・東京大学）に研究会での報告をお願いし、清成氏、樺山氏には地域社会研究会のコアメンバーになっていただいた。

　地域社会研究会では一時期、地域主義研究会の事務局を担ったこともあるが、１９７６年10月に「地域主義研究集談会」が結成され、熊本大会（熊本市、宇土市、泗水町をフィールドに１９７７年３月）、松本大会（松本市で１９７８年８月）、備北大会等を共同開催した。とくに広島県三次《みよし》市、作木村《さくぎそん》（現三次市）、島根県羽須美村（現邑南町《おおなんちょう》）で、１９７９（昭和54）年９月に開催した備北大会は印象的であった。広島、島根県境の中国山地の真っただ中に位置するこの地域は、１９６０年代後半、まさに日本で過疎化という状況が始まった原点でもある。しかし進む過疎化の中で、集談会に参加した安藤周治氏、和田芳治氏ら中心メンバーは、過疎を逆手にとって、中国山地のまん中で、ここでしかできない豊かな生活を楽しもうという気概に満ちていた。「過疎を逆手にとる会」いわゆる〝過疎逆〟が結成されたのも、その直

７　清成忠男『地域主義の時代』東洋経済新報社、１９７８年
８　玉野井芳郎『地域主義の思想』農山漁村文化協会、１９７９年

後の１９８２（昭和57）年で、発足時の記念大会の熱気は忘れられない。

沖縄シマおこし研究会

㈶日本地域開発センターでは、沖縄の本土復帰の前年（１９７１（昭和46）年）、琉球大学と共催で、復帰後の沖縄を考える「沖縄開発シンポジウム―新しい沖縄を求めて」を那覇市内で開催した。沖縄では復帰に向けた期待が高まった時期であった。しかし本土復帰が実現した直後、日本経済はドルショック、石油ショックに襲われ、沖縄は本土法の適用を受けることになり、沖縄県内はそれらに伴い大きな混乱に見舞われ、本土への復帰は戸惑いの渦ともなった。それまで米軍基地に向けられていた不満と被害者意識は、大きすぎた本土復帰への期待感の挫折と重複し、行政も住民も当面のことで精一杯という状況であった。

復帰後、５、６年経った１９７８年頃、ようやく沖縄では生活の周辺に関心が向くようになり、過去の被害者意識から脱しようという機運が高まってきた。そうした頃、沖縄の将来を築くためには、自立した真の豊かさの構築が必要との考えから、地域開発センターと㈶沖縄協会は、両組織の会長職にあった茅誠司氏の提案で、１９７８（昭和53）年、沖縄自立の方策を模索する研究会を立ち上げることになった。

地域社会研究会を中心としたこの沖縄プロジェクトは、主査を清成忠男氏にお願いした。何度か沖縄に足を運び、県や市町村は勿論、大学、研究機関、金融機関、企業、マスコミなど、多くの人々に会い沖縄の現状を把握し、調査研究の方向について意見交換を積み重ねた。沖縄では復帰以降、地域振興に関しては多くの調査が行われていた。また米軍施政下でも、軍による地勢的な綿密な調査が、沖縄の各島々を対象に実施されていた。

今後の沖縄の地域振興を模索するには、沖縄の歴史や風土に基づき、沖縄の置かれた現状を直視し、地道な発想と長期的な展望を持つことが必要であった。また沖縄の特性や諸条件を重視し、それに基づく産業の創出、生活文化の創造に結びつけなくてはならない。そのためには、農林漁業をはじめ沖縄固有の地場産業を振興していくことが不可欠であると次第に方向性が定まってきた。幸い沖縄には、織物や陶芸、漆芸や木工といった伝統工芸が多様に存在する。これらとツーリズムを有機的に組み合わせ、持続的なまちづくりに展開し、かつそれを牽引する行政や住民の活動等を見つめ直す、幅広い視点が重要だと考えられた。

必要なことは、さらなる調査を重ねることではなく、本土で取り組まれているまちづくりの試みを沖縄に紹介し、それを実際に担っている人たちに、沖縄まで足を運んで貰い、沖縄の現場で実質的な経験の交流や技術的交流、研究交流をして貰うことではないかと、おおまかな道筋は見えてきた。

ただそうした交流の場は、これまで沖縄県の中心、那覇市内で開催されることが多かった。そのことに研究会としては、少し戸惑いを感じた。それはちょうど大切な試みが東京で開催されても、東京の巨大さの中に埋没してしまい、見過ごされてしまうように、那覇の多くの出来事に紛れ込んでしまい、大きなインパクトにならないのではないか、という危惧があったからだ。そこで那覇の人たちにも関心を持って貰うために、那覇から最も遠い八重山で開いてはどうかと提案し、研究会は早速、石垣島に飛んだ。

〝シマおこし〟の意図

赤瓦を漆喰で固めた民家や、民家の周りを取り囲む常緑樹のフクギなど、那覇に比べると当時の石垣島は、本来の沖縄らしさを多く残していた。その石垣島で「まちづくりの研究交流会を開こう」と提案したが、「まちづくり？」とあまり理解して貰えない。そこで「まちづくりとは地域の歴史や文化に根ざし、新しい暮らしの場や産業をそこに住む人たちが一緒になって考え、築き上げていくことだ」と説明すると、「それは八重山では〝シマおこし〟という」と返事が返ってきた。シマは離島の島のことではなく、集落のことを指す。それは新しい造語ではなく、沖縄や奄美では古くから使われ「自分たちの住む地域を、そこに住むみんなの力を合わせて良くしていこうとする意味」だという。

ただその言葉を日常語として使うのでなく、意識的に用いていたのが、われわれに対応してくれた石垣市役所の潮平正道氏や西表《いりおもて》の石垣金星氏など、八重山の当時の若い人たちであった。本土の列島改造ブームの余波を受けて、八重山でも農地をはじめとする土地買い占めが起こっていた。とくに本土復帰の前年の八重山は、測候所開設以来の大干ばつで、台風にも襲われた。そのため復帰直後から多くの農家は借財が重なり、農地を手放さなければならない状況が起きていた。石垣島だけでも2千ヘクタールの土地が、島外資本に買い占められていた。この状況に対して、若い農業者やUターン者を中心として、土地の買い戻しや買い占められた農地での無認可耕作などが行われ、この運動のスローガンとしての言葉が「シマおこし」であった。

各地から参加した「沖縄シマおこし研究交流会議」の出席者が、この言葉を本土に持ち帰り、村おこし、まちおこし、地域おこしといった言葉へと拡大した。大分県では一村一品運動の展開とそれを担う人材育成を推進しようとしていたが、その中核を担った由布院の中谷健太郎氏や溝口薫平氏は、じっくり議論する場が必要だと、シマおこしをもじって〝ムラおこし夜なべ談義〟などを実施した。

沖縄シマおこし研究交流会議

〝シマおこし〟の柔らかい語感は〝まちづくり〟とも通じ合うところがある。八重山の人たちとも相談し、この研究プロジェクトを「沖縄シマおこし研究交流会議」とし、第一回テーマを「地場産業の振興」として、１９７９（昭和54）年1月、石垣市で開催した。本土各地から約30名、沖縄県内では八重山以外から約20名、石垣島、竹富島、西表など八重山からは約50名が参加し、熱気溢れる研究交流会議となった。

まずは共通する課題ごとに、全員が同一のフロアーで、互いに顔を見合わせながら意見を述べた。八重山は伝統的な織物の産地でもあるが、デザインや素材、染料等の問題も抱える。地元のミンサー織の新絹江《あらきぬえ》さんや西表の紅露工房の石垣昭子さんらの問題提起に、盛岡市でホームスパンのみちのくあかね会を立ち上げ、率いてきた矢崎須磨さんが自身の苦労話を含めて対応した。石垣の泡盛に対しては、北海道池田町の十勝ワインを立ち上げた大石和也氏が対応した。早朝、零下20度の帯広空港を立ち、羽田、那覇と乗り継ぎ、1月で20数度の気温の石垣空港に着いた大石氏が、農業と商工業を繋ぐ重要性で応える、といった具合であった。

　宮崎県綾町のひむか邑を指導してきた県庁の黒木進氏に影響を受けたのは、石垣島で木工加工を手掛ける石垣隆氏であった。本土、宮崎という外の要素と、石垣氏の生まれ育った石垣島の資源や伝統が入り混じることで、新しいデザインを手にすることができたと、地元の材を活かしたテーブルウエアの作成に道を開いた。それはちょうど淡水と海水が交じりあう汽水域に

表１－３　第１回沖縄シマおこし研究交流会議の参加者

▶本土から：

高山英華氏（東京大学・都市計画）	吉田嗣延氏（沖縄協会）
清成忠男氏（法政大学・地域経済）	中村尚司氏（アジア経済研究所）
森戸哲氏（地域社会研究会・地域計画）	玉城哲氏（専修大学・農業経済）
玉野井芳郎氏（東京大学・経済学）	辻弥兵衛氏（全国商工会連合会会長）
加藤泰守氏（元沖縄開発庁事務次官）	岡﨑昌之（地域社会研究会）　他
大石和也氏（北海道池田町）	矢崎須磨氏（盛岡市・みちのくあかね会）
山口貞美氏（島根県布施村長）	岡田文淑氏（愛媛県内子町）
中谷健太郎氏（大分県由布院）	溝口薫平氏（大分県由布院）
黒木進氏（宮崎県綾町・ひむか邑）	二階堂暹氏（大分県・二階堂酒造）　他

▶沖縄から：

久場正彦氏（琉球大学・経済学）	安次富長昭氏（琉球大学・画家）
新崎盛暉氏（沖縄大学・歴史学）	真栄城守定氏（地域科学研究所・地域計画）
牧野浩隆氏（琉球銀行）	上田不二夫氏（沖縄水産高校）
古堅宗光氏（沖縄県商工会連合会）	
丸杉孝之助氏（琉球大学・熱帯生物圏研究センター）　他	

▶八重山から：

新絹江氏・哲次氏（石垣・ミンサー織）	石垣昭子氏・金星氏（西表・紅露工房）
潮平正道氏（石垣市）	石垣隆氏（石垣・ひるぎ工房）　他

（所属）は当時

生息するマングローブ（沖縄ではひるぎ）のようで、それになぞらえて自らの作業場をひるぎ工房と名付け制作に取り組んだ。

八重山に何が足りないかを模索するアイランド・ミニマムの視点を脱却して、島の豊かさを見つめ直すアイランド・マキシマムの視点を指摘する清成氏の主張、川平湾《かびらわん》の美しい景観に加えて島の人や産物の豊かさこそが魅力だという中谷健太郎氏、まちづくりの担い手や地域間交流の重要性を指摘する森戸哲氏等々の意見があった。また沖縄からは「シマおこし」は農業に対する危機感から起きた言葉だが、農業に関する議論が少ないとか、シマは本来集落という意味合いだが、シマと地域、産業との関係性とは何か等、多様な意見が発せられた。

会議は続いて西表でも開かれ、参加者は船で石垣港を離れ、途中、竹富島を望見しつつ、西表、大原港へ到着した。島を西へ移動する間も現地案内を受け、西部の祖納《そない》地区で研究交流会議が開催された。研究会と地元で事前に検討した、５つの分科会テーマで熱心に話し合われた。

①　島の自治―役場移転か分村か
②　地場産業の振興
③　シマと観光
④　伝統工芸の振興
⑤　シマと家―教育・文化・医療

分科会報告で全員が集まった西表西部の祖納小中学校の体育館では、会議終了後、地元の人たちの歌や三線、踊りで歓待された。[9]

課題は多く、議論は尽きない。まだまだ互いに交流もしたい。石垣島でも西表でも、地元から多くの若い人たちが参加した。沖縄協会の吉田嗣延氏は「この若い人たちは島の光だ。この光を絶やさないためにこの会議を続けていこう」と西表会議の締めくくりで述べた。「沖縄シマおこし研究交流会議」はその後、１９８３（昭和58）年まで、６年間にわたって開催された。第二回以降は宮古島も対象にしながら、毎年、開催された。

第二回の西表島シマおこし交流会議

西表島祖納　西表小中学校（1980年1月）

沖縄県読谷村

１９７９（昭和54）年、１９８０（昭和55）年には、沖縄本島の読谷村《よみたんそん》においても「読谷村ムラおこし研究集会」を開催することとなった。八重山のシマおこし会議に出席していた元読谷村長で沖縄県商工会連合会の古堅宗光氏から「若い村長が頑張っているので」と山内徳信村長を紹介され

9　第一回沖縄シマおこし研究交流会議の様子は、月刊『地域開発』１９７９年3月号「特集・沖縄シマおこし研究交流会議―第一回地場産業の振興」を参照。

た。39歳で県立読谷高校の先生から村長になった山内氏は、２期目の村政に入った頃で、「村民の精神的自立、主体性の確立、経済的基盤の必要性」を感じていた（『読谷村ムラおこし研究集会報告書』読谷村１９７９年11月）。

村は米軍の不発弾処理場近くの土地に、後に人間国宝になる陶芸家の金城次郎氏を那覇の壺屋から招いていた。米軍との難しい交渉の末、何とか処理場を撤去させ、代わりに沖縄では最大となる９連房の登り窯を建設し（１９７８年）、ヤチムン（焼き物）の里として、沖縄最大の焼き物産地づくりに入っていた。村立歴史民俗資料館（現在では立派な座喜味城址ユンタンザミュージアムとなっている）では琉球大学と協力して、村内の字《あざ》ごとの立派な民話集の刊行が続いていた。

本土復帰時には村域の７割強が米軍基地のままで、とくに村の中心部にあったパラシュート降下訓練場となっていた旧読谷飛行場をいかに取り戻し、そこへ行政機能や村民施設の集約を図ることは村の悲願でもあった。しかし軍用地内農地の利活用等では村民の利害も微妙に絡み合うなど、一筋縄ではいかない問題も山積していた。同じフロアーで、村民とともに将来に向けて語り合う場を、ムラおこし交流集会に求めたのであった。

その後、読谷村では日本政府と交渉を続け、読谷飛行場返還前に、基地内に読谷平和の森球場を建設（１９９３年）し、続いて地下１階、地上３階の役場庁舎を建設（１９９７年）することにも成功した。「21世紀の批判に耐えうる環境・文化むらづくり」を標榜して、村域の中心となる旧読谷飛行場跡には、現在では、役場を中心に総合福祉センター、地域振興センター、文化センター等が立地し、その周辺を紅イモやマンゴーなどを栽培する先端農業地域が取り囲んでいる。

またヤチムンの里を中核にして、村内には60を超える窯元が立地している。秋には村民総出の文化祭、読谷祭りも賑わう。読谷出身で沖縄の三線の伝説的始祖とされる赤犬子《あかいんこ》の言い伝えもあるので、ほとんどの子供たちは三線を学ぶ。最近では温暖な冬の気候を活用して、サッカーやラグビー、野球等のプロチームの合宿誘致と村民交流など、幅広いムラおこしで沖縄をリードしている。人口は4万人を超え、日本一人口の多い村であるが、市には移行せず、ムラにこだわる姿勢は変わらない。

5　さまざまな地域へ

地域シンポジウム
〜松山市観光計画と愛媛県内子町

〝まちづくりシンポジウム〟の開催、ワークショップやアクションリサーチの展開、シンポジウムをとおして築かれた人材ネットワークの構築、そのネットワークを活かした地域間交流の仕組みづくり、市町村の総合計画や産業振興計画、観光計画の策定など、地域社会研究会は多方面に展開した。

愛媛県松山市から相談があったのは観光計画の策定であった。当時、松山市の観光の中心であった道後温泉は、暴力団抗争のあおりを受け客足は遠のき、夜になっても林立するホテルの客室の明かりは消えていた。しかし調べてみると、松山市には海や山の豊富な食材もあり、近隣には日本を代表する焼き物の産地、砥部焼《とべやき》もある。また俳句の会やふるさと市民会議など、市民の文化的な関心は高く活動は活発であった。こうした松山を思う市民の心や活動こそが、重要な観光資源であり、道後を訪れる人も、温泉とともにその文化的な香りに魅かれるのではないかと、観光計画を策定した。

しかし計画書をつくるだけでは、市役所の観光関連部門や観光業者の一部の関係者に伝わるだけで、松山市全体の方針とはなりにくい。市民にも認識されず、ましてや市民と共有するものとはならない。市民の関心や協力があってこそ、市全体の観光計画となる。

そこでこの計画の意図するところを関係者に広く認識して貰うために、市を説得して、道後温泉のシンボルである道後温泉本館を一日貸し切り、市長をはじめ市の担当者、ホテルや旅館をはじめとした観光関係者、周辺市町村関係者、専門家、もちろん市民にも加わって貰い、１９７７（昭和52）年に「シンポジウム・観光とまちづくり―松山にとって観光とはなにか」を開催した。本館大広間の畳の上で率直な意見交換ができ、計画の存在が広く認知されることにつながった[10]。

シンポジウム終了後、研究会メンバーは松山から少し西、肘川沿いの城下町、大洲市に宿泊すること

10　松山シンポジウムの様子は、月刊『地域開発』１９７７年３月号「特集・観光とまちづくり―シンポジウム・松山にとって観光とはなにか」を参照。

になった。翌朝、われわれを案内してくれた市の観光課長が「隣の内子町で古い町並みの保存問題で苦労している町職員がいるので、立ち寄って貰えないか」という。松山に帰る道すがらなので、寄ることになった。内子町の入り口でわれわれを待ち構えていたのが、内子町職員の岡田文淑氏であった。岡田氏と画家の井門敬二氏が丁寧に町並みを案内してくれた。

立ち寄ったメンバーは高山英華氏、木原啓吉氏（朝日新聞・後に千葉大学）、清成氏、森戸氏、岡崎であった。江戸後期から大正にかけての木蝋《もくろう》生産で、莫大な富を蓄積した豪壮な屋敷群に圧倒された。しかし老朽化した屋敷群の評価は、住民の間でも割れ、保存運動は進めにくい様子であった。ただ残された屋敷はいずれも価値の高いもので、保存のためには一刻の猶予も許されない状況であった。新聞を通じて全国の町並み保存の必要性を訴えていた木原氏に依頼して、早速、文化庁に連絡を取ることになり、内子町や文化庁、広島大学の調査を経て、１９８２（昭和57）年の重要伝統的建造物群保存地区の指定につながった。

１９８６（昭和61）年には、苦労を重ねて復元された内子座を会場にして、ヨーロッパでも有数の町並保存に取り組むドイツ・バイエルン州のローテンブルク市長、オスカー・シューバルト氏も招聘し、「内子シンポジウム’86〝まち・暮らし・歴史〟」が開かれた。翌年には河内紘一内子町長（当時）をはじめ町並保存関係者で、ローテンブルク市を訪れ、同市の町並保存に関する施策を学んだ。このことが、現在の内子町とローテンブルク市との姉妹都市提携と交流につながっている。

こうした大洲市や内子町との連携は、松山市のまちづくりと観光が、市単独で完結するものではなく、周辺地域との広域的連携のなかで考えられることによって、より意義深く、価値の高いものにつながっていくことを図らずも示している。

広がる「市長勉強会」

向坂正男氏が理事長をされていた総合研究開発機構（ＮＩＲＡ）から依頼があったのが「市長勉強会」であった。当時、ＮＩＲＡ評議員のある市長から「多くの市長は政務で忙しすぎる。普段の政務から離れてしっかり勉強する機会を作って欲しい」との要望が理事長にあり、地域社会研究会がそのプロジェクトを担当することとなった。当時ＮＩＲＡ研究員であった水島孝治氏と連携を取りつつ、まずは東北ブロックから「東北市長勉強会」を始めた（１９７８年）。東北の各地方都市を巡り、共通する課題やテーマを設定し、市長自らが参加し、自らの言葉で議論することを前提に、盛岡市、遠野市、村上市で勉強会を開催し、全体の運営を地域社会研究会が担当した。続いて開催された市長勉強会と開催都市は以下のとおりである。

南九州市長勉強会（１９７９年）―鹿児島市、川内市、宮崎市、日向市、熊本市、人吉市

四国市長勉強会（１９８２年）―高松市、高知市、徳島市、松山市、宿毛市、室戸市

北陸市長勉強会（１９８４年）―金沢市、高岡市、福井市

この「市長勉強会」の取り組みは、その後、多くの地方都市とのネットワーク形成に繋がっていった。

『全国まちづくり集覧』

月刊『地域開発』でも、全国で展開されるまちづくりの取り組みは積極的に取り上げてきたが、大手の出版社も、本格的にこのまちづくりの動きに関心を示し、取りまとめられたのが、ジュリスト増刊総合特集『全国まちづくり集覧』（有斐閣、１９７７年12月）であった。担当の編集者はその奥付に次のように書いている。「これまで知らなかった全国のまちやむらの動きとそこに活躍されている多彩な人々の存在を知りました。編集室にこもって手作業ばかりしていてはわからない、また単なる旅行者として通り過ぎるだけでは気のつかない地域の動きが各地にあることに、あらためて気がつきました」。

「地域社会研究会」では編集全体の相談にのり、編集部と共同で北海道から沖縄まで61の事例をあげ、冒頭の座談会には奥田代表が加わり、事例のうち約半分を研究会とその関係者で執筆している。まちづくりというものが一般的にも認知されていったひとつの切っ掛けともいえる。

なお「地域社会研究会」とまちづくりにかかわる全般的な報告は、『コミュニティ形成運動の現代的意義と役割』（㈶日本地域開発センター、１９７６年11月）に詳細に述べている。

第2講

自立をめざすまちづくり

1「地域」への関心　～グローバリゼーションと新しい価値観

「地域」への関心がより幅広く、一般化し、かつ深化していく背景はどこにあったのか。グローバリゼーションの展開、若者をはじめとした価値観やライフスタイルの変化と多様化、の二点から考察する。

国境を越える

まず考えられる大きな背景は地球規模での物事の流動化、つまりグローバリゼーションである。グローバリゼーションという言葉は、最近では、先進国が世界をリードし、新しい秩序を先進国の価値観で形成しようとすることや、多国籍企業や巨大企業の経済活動によって、国内企業や伝統的な産業が衰退する問題に対して使われることが多い。どちらかといえば否定的な意味合いで使用される傾向にある。しかしここで考えてみたいグローバリゼーションとは、実態としての経済圏の広域化のことである。資本やマンパワーが国境を越えて有機的に連携したり、往来していることは、誰もが認める事実である。経済活動や観光行動などで、国境を越えて移動する人々は急速に拡大している。

日本の国内でもそれは実感できる。例えば〝観光まちづくり〟の概念が初めて提起されたのは、2000年12月の観光政策審議会答申「21世紀初頭における観光振興方策」であるが、この答申のもうひとつの柱は、訪日外国人の拡大であった。当時の訪日外客数はせいぜい年間４５０万人（１９９９年：４４４万人、２０００年：４７６万人　※日本政府観光局　ＪＩＮＴＯ資料）しかなかった。そこで答申では、２０１０年にはおおむね一千万人の外国人旅行者の受入れを目標とした、いわゆるテンミリオン計画を示した。ただ２０１０年には８６０万人と目標には届かず、２０１１年の東日本大震災で少し足踏みをしたが、２０１３年には目標の一千万人を超え、２０１８年12月には三千万人を超えたと、日本政府観光局（ＪＩＮＴＯ）は発表している。さらに政府では、２０２０年には4千万人の訪日外国人旅行者数を目標にしている（「明日の日本を支える観光ビジョン」観光庁、２０１６年3月）。20年間で10倍近い訪日外客数の増加である。観光行動による人の移動だけをみても、ここ十数年でいかに情勢が変化し、グローバル化したかがわかる。

グローバリゼーションと三層の地域化

このような状況は、国際化すなわち internationalization という言葉では表しきれない。internationalization とは nation という言葉が中心にあるように、あくまでも国を意識した言葉である。それと同時に、かつてスエズ運河が国連の管理下に置かれた時のように、どちらかといえば、国際的に管理するという意味合いのほうが強い。国境を越えた交流が国際化だとすれば、グローバリゼーションとは国境が相対化され、希薄化していく現象といえる。

このことをとくにヨーロッパにおいてみてみれば、事情はより明確となる。広域経済圏としてのＥＵ

においては、加盟国間で金融政策をはじめ産業、農業政策等の政策的枠組みの規制は強い。ＥＵ加盟国のパスポートには、表紙の国名の上部に、それぞれの言葉でＥＵ（ドイツであればEUROPÄISCHE UNION）が明記されている。このことはＥＵ加盟国であることを明確にすると同時に、ＥＵの結束を強固にしようとする象徴的サインともいえる。

その結果として起きてきたのが、国境の希薄化である。ＥＵという経済的な広域統合により、国境というボーダーが限りなく低くなった。以前は、ドイツからフランスへイタリアへと移動するたびに、国境で止められて入国審査を受け、手数料を払って各国の通貨に両替していた。しかし現在ではいったんＥＵに入域すれば、国境を越えても入国審査はなく、通貨統合による２００２年からのユーロの流通で、面倒な両替もなくなった。国境という壁は一段と希薄化したといえる。

その一方で、もともと小規模な王国や封建諸侯の領地から構成されてきたヨーロッパの各地域は、都市や現在の州レベルの地域的独自性や独立性は高い。このことも背景となり、広域化する経済的情勢と他方では希薄化する国境のなかで、人々の帰属意識は、まちや都市、州といったより狭域の「地域」に向けられるようになってきた。

人にとって、どこで生まれたか、どこで育ち、どこで学んだかということから生まれる地域的アイデンティティは、価値観の形成や日常生活をおくる上でも、ひとつの物差しのように重要な役割を果たす。節目節目で特定の地域に、その根っ子を求め、確認することになる。つまり実態としての「広域経済圏」、厳然として存在する「国」、アイデンティティとしての「都市や州」の三層の地域化が進展し、その三層のなかに身を置きながら、まちや都市、州などのより身近で狭域の「地域」への帰属意識が高まってきた状況といえる。

国境を越えた地域間連携と競争

もうひとつの視点は、ボーダーレス化やグローバリゼーションにより、新しい地域間競争と地域間連携が始まっていることである。これまでの一国内での地域間競争は様相を変えて、グローバル化のなかで、国境を越えて新しい地域間競争と地域間連携が始まっている。いわば国家間の競争に代わって、地域間の競争と連携へと変化しているといえる。一国内だけでとらえると、首都から離れて辺境にあり、様々な点で不利と考えられてきた地域が、ボーダーレス化により、気がついてみれば国境を越えたすぐ先に、新しい連携先の地域が存在しているといった状況になることもある。もちろん競争、競合相手にもなる。その意味では、ボーダーレス化は地域振興を目指す地域の主体的な努力と戦略が、より問われることになり、まち、都市、州といった狭域の「地域」への関心が一層高まることになる。

例えばイタリア、ロンバルディア州を見てみれば、その状況は典型的といえる。ロンバルディア州はイタリアの最北部で州都はミラノ、北にはコモなど古くからの絹織物産地が位置し、ファッション関係でも多くのブランドが存在する。ミラノコレクションはヨーロッパでも高く評価される。航空機産業、自動車産業、精密機械工業も盛んで、ロンバルディア州はＧＤＰベースで国全体の20％強の経済規模を有している。一人当たりのＧＤＰも３５、９００ユーロ（２０１７年）で南部シチリア州の２倍となり、失業率も低い。イタリアの相対的貧困率は11・０％であるが、南部イタリアは23・０％と高く、シチリア州は27・０％にもなるが、北部イタリアでは４・９％と低い（２０１０年）。

こうした南北格差は、イタリアのちょうど真ん中に位置する、首都ローマの中央政府で調整され「北部の税収が南部に移転されている」といった強い不満がロンバルディア州にはある。このような不満が解消されているわけではないが、グローバリゼーション、ボーダーレス化が進んだ結果、ロンバルディア州は国境を越えて、ドイツ経済を牽引している南部のバイエルン州、バーデン・ヴュルテンベルク州およびそれぞれの州都ミュンヘンやシュトットガルトとの連携を深めている。ドイツのこ

図２－１　イタリア、ドイツ南部、スペイン

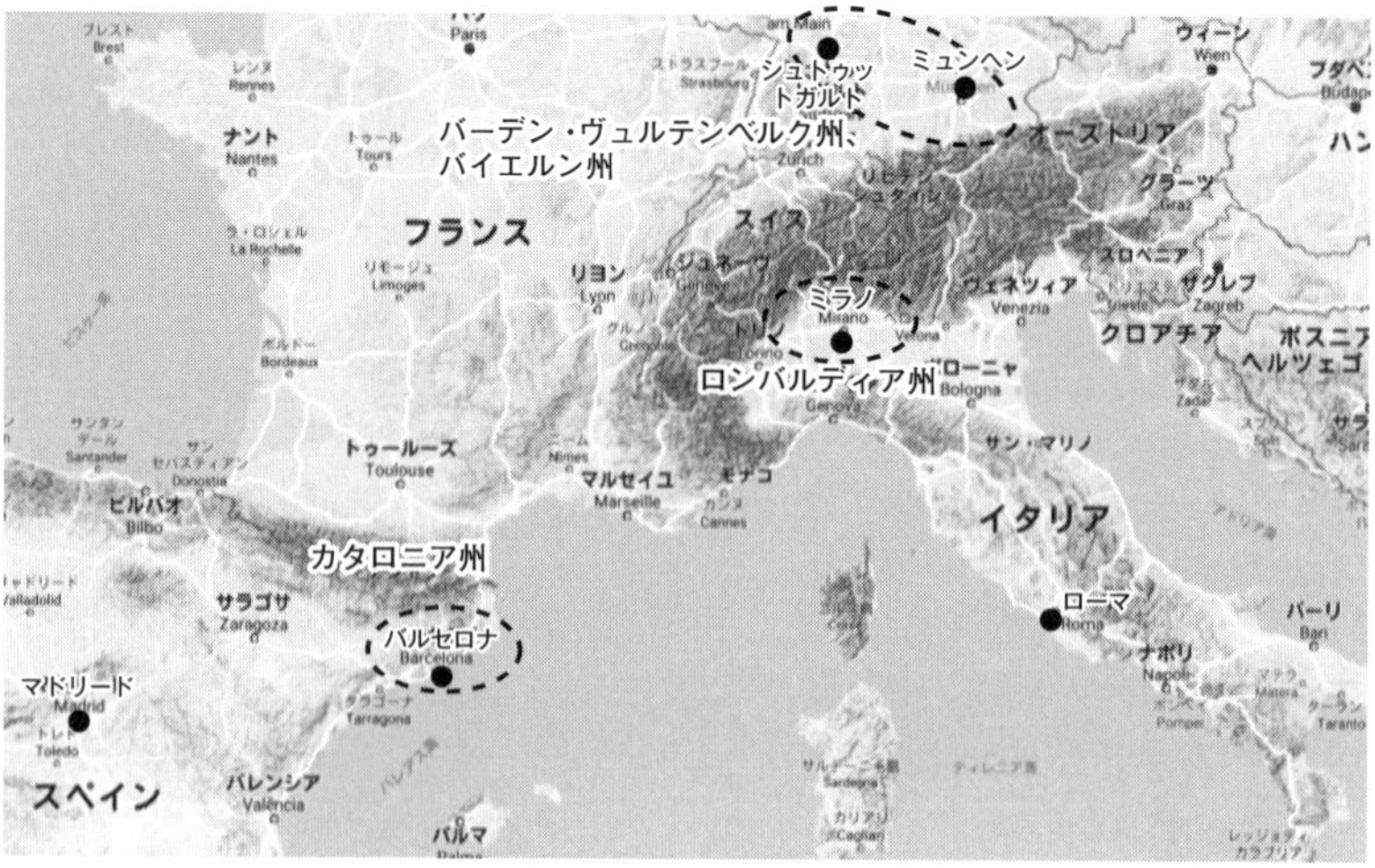

れらの地域も同様に、かつての工業地帯であった北部諸地域や首都機能からは離れた遠隔の地に位置していたわけである。ロンバルディア州はドイツだけではなく、スペイン、カタロニア州や州都バルセロナとも連携し、それぞれの大学間の単位の互換性もあると、ミラノ商工会議所では話していた。カタロニア州自体もスペイン中央政府とは歴史的な対立関係を抱えており、最近ではスペインから独立するといった動向もよく報じられる。

集落、地域、都市の命脈　ヨーロッパの長い歴史を生きてきた人々は、国家と呼ばれるものの変遷を多く経験してきた。チェコスロバキアがチェコとスロバキアに分かれ、それぞれの国となったのは、１９９３年のことで、たかだか20数年前のことでしかない。しかしチェコの首都プラハは、９世紀後半にプラハ城が建てられ、都市形成が始まり、現在の美しい都市プラハへと受け継がれている。チェコスロバキアからチェコへと国は変わっても、プラハは都市として千年以上続き、これからも存続していくに違いない。

グローバルな文脈のなかで、極めてローカルな日本の話題になるが、まちづくり元気塾[1]の事業で福島県金山町横田地区を支援していたとき、地元まちづくり団体の老会長が発した言葉が、今でも頭から

1　東北電力㈱主催のまちづくり支援制度。東北６県と新潟県を対象に２００６年に始まり、まちづくりに取り組む住民組織や団体等に専門家を派遣し、課題解決や新事業創出を支援。これまでに40地区で実施され、多くの成果が上がっている。

離れない。公民館に集まった地元の人たちに、老会長は「過疎だ、高齢化だと、愚痴を言ってても始まらない。私たちが生まれ育ったふるさと〝横田〟は一生ついて回る」と参加者を激励した。そこは明治から昭和初期にかけて、鉱山開発や只見川の水力発電開発で栄えた地域だが、現在では過疎化が進み空き家も増えてきた。そこでブナ林を活用したり、特産の赤カボチャを使った特産品づくりに取り組もうとしていた。

ヨーロッパでは国名が変わることもある。日本では市町村合併で名称が変わった自治体も多い。しかし自分たちの生まれ育った集落名は一生ついて回る。まさに地域とはそういうもので、この老会長の言葉は、地域というものの核心をついた言葉であった。

価値観、ライフスタイルの多様化

地域に対する関心の高まりは、価値観の変化やライフスタイルの多様化にも起因している。例えば内閣府による「社会意識に関する世論調査」によると、「社会の一員として、何か社会のために役立ちたい」と思っている人は、１９７０年代後半から80年代前半には40％台でしかなったが、１９９０年代後半以降は65％と高くなっている。また貢献したい内容としては「高齢者、障害者、子どもの支援など身近な社会福祉」と「町内会などの地域活動」が最も多くなっている（「社会意識に関する世論調査」内閣府、２０１７年4月）。つまり身近な地域社会で、課題や障害を抱えた人たちの支援に関心があり、その課題解決のために身近な地域組織に少しでもかかわりたいと考えている人が多いことを示している。これも地域志向の新しい価値観といえる。

１９９５年の阪神・淡路大震災や２０１１年の東日本大震災など、地震や津波、豪雨などの大きな災害が多発したことも影響しているのであろう。災害時に否応なく対応しなければならない、地域社会での相互支援の必要性が認識されはじめたことや、被災地支援のためのボランティア活動に参加する活動などが、全国的に拡大してきたことなども、地域に関心を向ける新しい価値観形成の背景といえる。

このように全世代的に地域社会に対する関心が高まっているなかで、20代、30代の若者世代の暮らし方や考え方が大きく変化していることも新しい傾向である。とくに彼らの関心が地方や農山漁村に向いていることは、これまでにない新しい潮流といえる。

都市部に住む20～64歳を対象に、農山漁村への移

図２－２　社会への貢献意識（時系列）

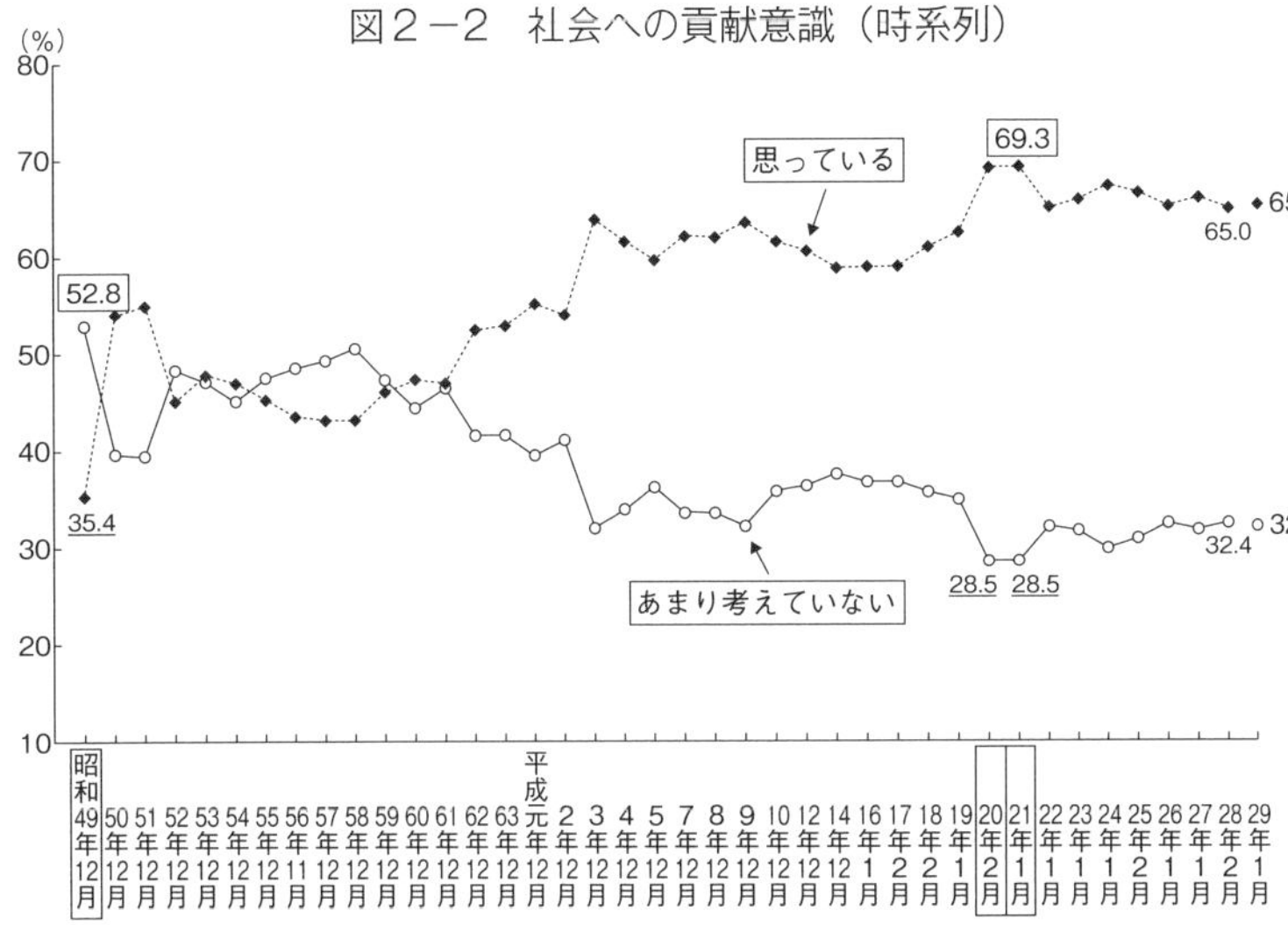

「社会意識に関する世論調査」内閣府政府広報室 2017年4月

住希望を聞くと、全体でも30・6％が「移住してみたい」と答えている。しかし20代ではそれが37・9％、30代では36・3％と、3人に1人以上が地方への移住を希望している（「田園回帰に関する調査研究」総務省、2017年3月）。かつての農山漁村への移住希望者の多くは、50代後半から60代にかけての、定年を迎えようとしている世代であった。しかし最近では都市部の若者の新しい志向となっている。

若者世代の価値観やライフスタイルとして、自然志向、ローカル・ライフ志向といった、大都市では得難い生活の質を求めるものであり、また同時に、脱大企業、脱大組織といった意識も強くなっている。大きな仕組みの歯車の一つではなく、生活の全体性とでも呼べるものを希求しているからであろう。またこうした若者を支え、つなぐ重要なツールとして、情報コミュニケーション技術の進歩がもたらしたインターネットやSNS等の手段があることは見逃せない。彼らは厳しい農山漁村にありながら、互いに情報を発信し、交換しあって、そこに住む意味を確認している側面は大きい。

2　まちづくりにおける「自立」と「自律」、「内発性」

まちづくりの目指すもの

「地域社会研究会」で最初に取り組んだ北海道池田町のまちづくりシンポジウム以来、多くの地域のまちづくりや関連調査、計画策定に関わってきたが、やはり原点はシンポジウムで提示した趣旨に戻る。第1講で示したとおり、まちづくりとは「それぞれの地域社会の歴史的、文化的な個性を基礎にして、その地域に真に必要なものを、そこに生活する人々が自らの知恵と活力で発見し実現していく創造的な過程」と、きわめて自立的な志向である。

また「それぞれの地域社会の歴史的、文化的な個性を基礎にする」とは、他の先進的と称される事例をただ模倣するのではなく、自らの地域のなかにある歴史的、文化的な要素に裏付けられた個性を重視することで、いわば内発的な発想である。

そのうえで、地域が他に頼ることなく、自立的に生きていくために「その地域に真に必要なもの」を模索し、ただ特定組織や特定地区の利益のためだけでなく、「そこに生活する人々が」互いを思いやりながら自律的に「自らの知恵と活力で発見し、実現していく創造的な過程」、それこそがまちづくりではなかろうか。言いかえれば、「人が住むに値する場づくり」、「人が暮らすに値する仕組みづくり」、そして「人が生きるに値する社会づくり」とも言える。

まちづくりと地域の〝自立〟

まちづくりにおける地域の自立には、ふたつの意味合いが考えられる。一つはまちづくりに取り組もうとする主体の姿勢のことである。他から強制されたり、促されたりするのではなく、取り組もうとする主体が自らまちづくりに取り組む決意をすることである。他人事ではなく、自らのこと、自分たちの地域のこととして決意し、乗り出すことなしに、まちづくりは前に進まない。地域が決意し、主体性をもって取り組むこと、すなわちローカル・イニシアティブ：local initiative とでも呼べることであろう。

もう一点は、これまでの都市化、工業化による経済開発的アプローチや、大規模な資本集約型近代的工業集積による地域開発や地域振興ではなく、地域の資源や労働力、地域の伝統的技術等を活用する自立への道を模索することである。つまり地域の将来を、地域の力量を越える、外の力に一方的に委ねないまちづくりと言いかえてもよい。その意味では、自分自身や地域のもつ力量を最大限に発揮して、やり通そうとする意志、セルフ・リライアンス：self-reliance といえる。

つまり、まちづくりにおける自立とは、自らが決意し、自らの力量で、まずは内を固め、そこを足場に外と連携するまちづくりの方策といえる。

“自律”とは何か

一方で、地域のなかには様々な力、ベクトル、方向性が存在する。例えば地域経済の分野でも、農協や漁協、森林組合、商工会、観光協会など、多様な組織がある。住民活動の面では婦人会や老人会、青年団といった年代や所属別の組織、また地区ごとの自治会や町内会などの組織がある。スポーツや芸術団体もあり、当然、政治的な組織も存在している。それぞれの組織や地区が、地域内で様々な目的や主張をもって活動し、場合によっては互いに反目が生まれることもある。平成の合併で複数市町村が一緒になった自治体内では、旧市町村が必ずしも同一方向を向いているわけでもない。

地域の〝自律〟とは、そうしたともすれば反目したり、反発することもある組織間や地区間のベクトルを、地域の将来や全体の方向性を共有し、互いをおもんぱかりつつ、地域内で調整し、課題を解決しようとする力といえる。またそれぞれの組織や地区の利害を越えて、総合的に判断する力であったり、外に拡散しようとする力を内へ統合する力ともいえる。地域を構成する組織や住民が、いかに〝自律〟的な意識や行動力をもつかは、地域の総合的な力量を高めるうえでも、また地域における信頼関係や各組織間の連携、行政と住民の連携を強めるといった、いわゆる社会関係資本を構築していくうえでも欠かせないことである。

北海道池田町のまちづくりと地域自立

１９７５（昭和50）年、まちづくりシンポジウムを共催した北海道池田町は、１９５２年の十勝沖地震の被害やその後の冷害等で、財政は破綻状態となった。しかしこのことがかえって町に変革をもたらす大きな契機ともなった。町を何とか立て直そうと、農業青年たちは、若い丸谷金保氏を担ぎ出し町長に据え、町職員、住民が一体となって、たゆまぬ努力でワインづくりに成功した。丸谷町長のアイディアとリーダーシップが、成功の大きな要因であることは間違いない。しかしその背景には、池田町が他から左右されることのない、地域自立への道の懸命な模索があった。

財政破綻の際は北海道庁や自治省（現総務省）から強い規制を受けた。その間の厳しい経緯や自立へ向けての覚悟については、丸谷町長から二代目の大石和也町長から何度か詳細に聞いた。「住民にもいろいろ負担をお願いした。他に頼らず自分たちでやっていかなければと強く思ったのは、町内に立地し、町民の雇用の場でもあったビート（甜菜、サトウダイコン）の加工工場が突然閉鎖されるという事態がおきたときでした。他からの要因で、突然町民の生活が不安定になることはなんとか避けたかった」「ワインづくりは１００年の大計だ。まだ緒に就いたばかりで、今後はブドウ栽培や品種改良、醸造技術の改善にも取り組まないと本格的なワイン産地にはならない。幅広い産業として根づかせたい」（大石和也町長、放送大学「都市・地域経営」第９講、ＶＴＲインタビュー、於いて池田町町長室１９９８年７月、他）

　大石氏は１９６３（昭和38）年、町職員としてドイツ南部のバーデン・ヴュルテンベルク州ミュールハイム近郊のヒューゲルハイムにあるマルゲート氏の醸造所で、１年間ワインづくりを本格的に学び、その後、池田町企業部長として十勝ワインの基礎を作った人だ。それだけに、ワインづくりを単なる特産品づくりや６次産業化などとはとらえていなかった。

　例えば町民に呼びかけて欧州のワイン産地を巡る町主催の「ヨーロッパ・ワインツアー」が定期的に企画された。それは単なる物見遊山のツアーではない。池田町では当時、ワインを飲む習慣さえなく、ワインを提供する民間のレストランもなかった。そうした町に、どうやってワイン産業を根づかせるかを模索するため、住民とともにワインの本場であるヨーロッパに足を運び、ワインのある生活を現場で体験してくることが目的であった。つまり住民とともに、本格的なワインを地域の生活文化としていかに根付かせるかが、このツアーの主要な目的であった。ヨーロッパの公園などでよく見かける、鉄の球を投げて競うペタンクという大人の競技（遊び？）がある。ワインを片手に、ペタンクを楽しんでいるヨーロッパの人たちの姿を、このツアー参加者たちが見かけて、早速、この競技を池田町に持ち帰った。現在では町民のあいだでとても盛んな競技になっている。

　まちづくりの決意と意気込みは、様々なところに見受けられる。例えば細かい点であるが、１９６５（昭和40）年に設立されたブドウ・ブドウ酒研究所（現池田町農業技術研究所）の看板にもそれは見てとれる。この施設は、ドイツでワインづくりを学んできた大石氏を受け入れ、本格的にブドウ栽培とワインづくり

表２−１　池田町　自立を目指すまちづくりの経緯

1879（明治 12）年	初めて和人が来住
1896（明治 29）年	池田侯（旧鳥取藩主）池田農場の経営開始　高島農場も開始
1899（明治 32）年	戸長役場の設置（池田町の始まり）
1904（明治 37）年	鉄道の開通
☆	
1952（昭和 27）年	十勝沖地震で大規模被害
1956（昭和 31）年	財政再建市町村に指定
1957（昭和 32）年	丸谷金保氏、町長に当選（〜 1976：５期 20 年）
1961（昭和 36）年	ブドウ栽培の開始
1963（昭和 38）年	ワイン醸造に成功、町職員大石和也氏をドイツ（ヒューゲルハイム）に派遣
1965（昭和 40）年	ブドウ・ブドウ酒研究所開設（翌年、十勝ワイン・十勝ブランデー市販開始）
1970（昭和 45）年	町営レストラン開店（町内）、その後、都内、札幌市内にも
1972（昭和 47）年	「ヨーロッパ・ワインツアー」開始、高齢者「いきがい焼」開始
1973（昭和 48）年	町営 CATV スタート
1974（昭和 49）年	ワイン城（ブドウ・ブドウ酒研究所）完成
1975（昭和 50）年	町営リゾート「まきばの家」オープン
1975（昭和 50）年	まちづくりシンポジウム「地域にみる生活と文化の再生」開催
1977（昭和 52）年	カナダ・ペンティクトン市と姉妹都市提携
1987（昭和 62）年	全国６町池田サミット開催
1988（昭和 63）年	「池田町音楽キャンプ」スタート
1990（平成 ２）年	文化施設「田園ホール」落成
1992（平成 ４）年	大石和也氏、町長就任
1998（平成 10）年	開町 100 週年
2005（平成 17）年	ワイン城再生オープン、新製造ライン始業
2013（平成 25）年	十勝ワイン誕生 50 周年

池田町資料等から岡﨑作成

を研究するため町が作った。最初に建てられた研究所は、現在では半世紀を越え老朽化しているが、いまもブランデーや古いワインの貯蔵所としてワイン城の近くに建っている。

入り口に掲げられた「池田町立ブドウ・ブドウ酒研究所」と標示された看板の上には、手づくりの英語の看板がある。今では文字がかすれて読みにくくなっているが、“Tokachi-Ikeda Viticulture and Enology Experiment Station” と書かれている。Viticulture とはブドウ栽培法のことであり、Enology とはワイン醸造学のことである。１９６５（昭和40）年といえば、ワインをたしなむ日本人は少なく、ましてや池田町内では皆無と言っていい頃である。その頃から、こうした専門用語が使用されているところに、当時のワインづくりに関わった人たちの、志の高さと意気込みが見て取れる。

ワインの生産量を拡大するだけの競争では、民間のワイン企業には必ず負けてしまう。まずは住民がワインをたしなみ、音楽やスポーツとともに楽しむワイン、池田町の生活に根付いたワイン、全国初の自治体が製造したワインとしてブランド形成をし、市場に参入したのであった。そのためには住民にまずは親しんで貰うための住民用格安ワイン「町民還元用ローゼワイン」も作った。

初代ブドウ・ブドウ酒研究所
（1965年開設）

町職員によるワインの販売も困難な局面が多かった。40年前の１９８０年前後なので、ワインはそれほど広まってはいなかった。札幌の酒屋やレストランにも一軒ずつ売り込んだ。東京のデパートにも乗り込んだが、かんばしくない。新宿の伊勢丹だけが置いてくれ、質のいいワインだということで、一時は新宿の表通りが眺められる一階に、十勝ワインが飲めるコーナーまで開設してくれた。赤坂のビルの地下では、町営の「レストラン十勝」も営業した。現在でこそ、東京都心にアンテナショップやレストランを運営する道県は多い。しかし40年前、新宿のデパートや赤坂のビルの地下に、町営レストランを出店するなど、北海道の一自治体としては考えられない試みであった。池田町のワインに誇りと自信をもち、地域の自立を願っていたからである。

「島」の自立がもたらす繁栄と先進性

ユーラシア大陸との間に日本海を挟み、太平洋に対峙しているのが日本列島である。択捉島から与那国島まで実に３千３００キロにわたる巨大な列島で、この列島を形成しているのが、本州他、四つの主要な島と３０４の有人島を含む６８４７の島々である（『離島統計年報２０１６』日本離島センター、２０１８年3月。ただし「日本の島嶼の構成」国土交通省、２０１８年4月では有人島は４１６としている）。

これらの島々は日本の国土形成に大きな役割を果たしてきた。とくに江戸時代に入ると航海技術や造船技術が進歩し、多くの物流が海上を利用するようになる。量、速度、安全性とも海上を利用するほうが有利になっていた。当時の経済的中心であった大坂から、瀬戸内海をとおり日本海沿岸沿いに蝦夷地まで北上する西廻り航路は、その時代の大動脈であった。現在のように、海は地域と地域を隔てるものではなく、当時は地域と地域をつなぐ存在であった。こうした主要航路を洋上で支え、自らも重要な役割を果たしてきたのが、主要四島の周辺に点在するこれらの島々であった。

例えば日本海の隠岐は、西廻り航路で活躍した北前船の寄港地であったのみならず、古くより奈良県吉野から導入した杉、檜を活用した造船もおこなわれた。江戸中期の松江大橋架橋の際には、隠岐の布施村の材が使用されたほど、林業が盛んな島であった。

瀬戸内海、塩飽《しわく》諸島の中心である本島は、古くは塩飽水軍の本拠地で、瀬戸内海の海運を牛耳っていた。その背景には、豊臣秀吉以来、自治権を安堵され、人名制度をもつ自治領として、堺と直接やり取りをするという隠然たる勢力があった。航海技術に優れ、富の蓄積が進み、島には多数の寺院や優れた文化財も多く残っている。また離島には珍しい重要伝統的建造物群保存地区（町並保存地区）の指定を受けた笠島地区も存在する。

勝海舟を艦長として、１８６０（万延元）年、日本人の手ではじめて太平洋を横断した咸臨丸には、この本島をはじめ塩飽諸島出身の水夫が多数乗り込んでいた。このことも、島の人々のもつ航海技術の高さを示している。咸臨丸はその後、小笠原諸島を巡視するなどし、日本周辺の調査や警備にあたった。小笠原の父島には、咸臨丸の航海中に死亡した、本島出身の水夫の墓が現在でも残されている。

種子島ではオランダからの鉄砲伝来以来、地元の刀鍛冶らが技術を習得し、火縄銃の製造をおこなっていた。それが切っ掛けとなり、堺と直接取引をすることで、大きな富の蓄積につながった。西之表港は宮崎県の飫肥《おび》を経由して、大阪、堺と直接つながる航路をもっていた。

「島」から「離島」へ

このようにそれぞれが固有の歴史をもち、発展してきた日本の島の存在は枚挙にいとまがない。独自の技術力や蓄積された経済力、地理的優位性を活かして、地域の自立性を獲得してきたからこそ、それが島の繁栄と発展につながってきた。ただ残念ながら、江戸時代から隆盛をきわめてきた海路は、しだいに陸路へ、そして空路へと時代とともに変化した。それに従って、島の優位性は低下し、先進地域としての島は、多くが〝離島〟となった。

柳田国男の『島の人生』は１９５１（昭和26）年に著わされているが、柳田はその冒頭の自序の中で、次のように書いている。[2]

「美濃の東南部の山村をあるいてゐた際に、島内安全といふ文字を彫刻した路傍の立石をみたことがある。島はあの邊では民居の集合、今の言葉でいふ部落又は大字のことらしい。丹波の由良川の流域でも、島の字の附く地名の多いことが、たしか丹波志の中に注意してあつた。（中略）現に大宮近傍の古沼跡などでは、少し高みになつた肥沃なる畠を、一般にもシマとも呼んで居る。（中略）今日普通に島と謂つて居る言葉の意味とは一致しない。つまりは大昔、我々のシマといふ日本語に、漢字の島を宛てたのが當たらなかつた

2　柳田国男「島の人生」（『定本柳田國男集第一巻』筑摩書房、１９６８（昭和43）年）

のである。佐喜眞興英君の「シマの話」にすでに説いたやうに、西南諸島でもシマは昔から島のことでは無かつた。島には別にハナレという語があり、又強ひてリトウ（離島）といふ新語も此頃は用ゐられて居る。僅か傳はつた中古以来の文獻を見渡しても、シマは一つ〳〵の邑落の事であり、人が久しく生活を共にした特定の民家群のことであつた。（後略）」（原文のまま）

南西諸島をはじめとして、日本の島のことに強い関心を持ち続けてきた柳田が、１９５１（昭和26）年８月に記した自序のなかで、わざわざ「強ひてリトウ（離島）といふ新語も此頃は用ゐられて居る」と述べている。これをみても、島を離れるという意味での離島という使われ方はあったかもしれないが、一般的には後進地域というイメージでの離島という言葉は、この頃までは存在せず、島は離れ小島の離島ではなく、その多くは富の蓄積のもと、独自の文化や伝統をもつ豊かな地域であった。

辞書類で調べてみてもそのことは分かる。『辞海』（三省堂）の第一版は１９５２（昭和27）年、『広辞苑』の第一版は１９５５（昭和30）年、『広辞林』（三省堂）の第六版は１９６０（昭和35）年に、それぞれ刊行されているが、そこには〝離島〟という言葉は載っていない。おそらく１９６０（昭和35）年の『旺文社国語辞典』が、離島という言葉を掲載したはじめての辞書ではないか。

また『島の人生』の自序の中でも、第１講の「沖縄シマおこし研究交流会議」でふれた「シマ」のことが、佐喜眞興英の論説『シマの話』（１９２５年）[3]で説かれていることが分かる。

3 『日本民俗誌体系 第一巻 沖縄』角川書店、１９７４年、所収

重要な島の存在

隠岐と本土を結ぶ航路は、現在では鳥取県境港と島根半島の七類《しちるい》だけとなっている。瀬戸内海の本島は、香川県丸亀市の離島となり、人口減少や高齢化、空き家問題などに悩まされている。種子島と本土とを結ぶ航路は、現在では西之表港と鹿児島港を結ぶ航路だけとなっている。

地域個性豊かな島々の振興は、日本の国土保全やまちづくりにとってきわめて重要である。現在、離島となったこれらの島々に対しては、離島振興法と沖縄、奄美、小笠原のそれぞれの振興特別措置法で離島振興の支援が図られてきた。また日本にとって重要でより大きな問題は、国境に位置する島々である。これらの島が過疎化し無人化している。２０１７年4月にやっとこうした離島に対して「有人国境離島法」が施行され、71島が特定有人国境離島地域に指定された。この71島には26万９３０７人（２０１５年国勢調査）が暮らしている。これらの国境の島々に、そこに住む人々の日常の暮らしがあることが重要で、その暮らしの日常性の中からこそ、海洋の汚染や微細な環境の変化などが観察でき、ひいては日本の領土、領海を守ることにつながる。その離島の暮らしをいかに守るかが、現在、強く問われている。

隠岐、中之島の海士町《あまちょう》では、ＣＡＳの技術を活用し、牡蠣やイカなどの海産物の販売が軌道に乗り、それらを切っ掛けに多くの若いＩターン者が海士町へ移住している。中之島にある島根県立隠岐島前《どうぜん》高校への島留学などを契機にした、高校魅力化の取り組みは、全国の同様の取り組みを牽引するモデルとなっている。種子島は鉄砲製造の鍛冶の技術を継承して、現在では打ち刃物産業が盛んとなり、質の高い包丁や鋏の生産が地場産業として息づいている。瀬戸内海の本島では、町並保存地区などの文化的資源や瀬戸大橋を望観できる立地などを活かして、新しいツーリズムに取り組んでいる。同じ瀬戸内海の直島を中心とした「瀬戸内国際芸術祭」は、かつては豊かであった瀬戸内の〝海の復権〟をめざした3年に一度の芸術祭である。２０１０年に始まったが、いわゆる芸術だけでなく、島の住民の生活再生、地域と世代を超えた人々の交流など、まさに〝島の復権〟がテーマである。日本列島を彩る島独自の文化性や、それぞれの特有の歴史を活かした島の再生が今後とも期待される。

地球的規模の地域課題と内発的模索

　自立をめざすまちづくりについて、重要なもうひとつの側面は内発性である。地域をめぐる課題は、世界的にも多様に起こっている。貧困や飢餓、それに起因する移民問題など、地球規模の地域課題といえる。国内においても、高度経済成長期には公害が多発し、主要な地域課題となった。バブル期にはリゾート法が制定され、ゴルフ場、スキー場など画一的なリゾート開発が、各地で自然破壊との批判を招くことになった。

　こうした地球規模、全国規模の地域課題に対する対応や解決を、それまでの単一発展方式とか全国同一の解決方式で取り組むのではなく、地域の特性や組織、課題の内容に即して、様々な解決の方向や新しい道筋をつけていこうとする試みが模索された。その取り組みは、地域の歴史や文化に根差す思考であるか、地域の生態系に適合しているか、住民の生活を重視し、住民の創意工夫を尊重する取り組みであるか、などが重視される新しい視点であった。

　そのような視点を取り入れることによって、例えば高度経済成長期の公害防止の取り組みにおいては、横浜市の公害防止協定（１９６４（昭和39）年）や三重県公害防止条例（１９６７（昭和42）年）といった自治体の施策や条例が大きな成果をあげた。そしてその広がりと蓄積が、国の公害対策基本法（１９６７（昭和42）年）の制定につながった経緯がある。地域の暮らしやライフスタイル等に基づいた内発的思考と、地域から発想された新しい取り組みが、国の施策に先んじた経緯があったといえる。早くから内発的まちづくりを主張してきた清成忠男氏は、内発的地域振興について、次のように述べている。[4]

「内発的な地域振興とは、地域が、地域に存在する資源、労働力、伝統的技術等々、要するに地域に内在するポテンシャルを最大限に活用して主体的に工業化を推し進めるという状態の地域開発である。経済の地域内循環を拡大させる一方、既存の産業の維持、拡大のみならず、場合によっては新しい産業を創出することになる。要するに「外からの」企業誘致ではなく、「内で」の創造的発展が内発的な地域振興である。それは、地域が自分の足で立つということを意味しよう」

「内発的な地域振興の試みは各地で進められつつある。要は、そうした地域の展開状況についての情報である。こうした情報が新しい知恵を生み出すきっかけになる。内発的な地域振興への近道として、地域と地域を結ぶ情報流通の組織化を進める必要があろう」

鶴見和子氏はハマーショルド財団が国連への報告書のなかで「内発的発展」（endogenous development）

4　清成忠男「内発的地域振興の提唱」（『地域主義の時代』東洋経済新報社、１９７８年12月）

という言葉を使ったことを紹介したり、内発的発展について主張してきた。その内容とその単位である地域について次のように述べている。[5]

「内発的発展とは、目標において人類共通であり、目標達成への経路と、その目標を実現するであろう社会のモデルについては、多様性に富む社会変化の過程である。共通目標とは、地球上のすべての人々及び集団が、衣・食・住・医療の基本的必要を充足し、それぞれの個人の人間としての可能性を十分に発現できる条件を創り出すことである。それは、現在の国内および国際間の格差を生み出す構造を、人々が協力して変革することを意味する」

「内発的発展論は、地域を分析の単位にする点に独自性がある。地域とは、国家よりも小さい区域を指す。そして、かならずしも一つの国家の下位体系には限定されない点で、従属論における地域と区別される。いくつかの国家の境界線にまたがる小地域をさす場合もあるからである」

3　まちづくりへの取り組み

地域の歴史とまちの将来

それでは自立をめざすまちづくりを進めるには、いかに取り組めばいいのか。まずは地域の徹底的な調査である。なかでも歴史的な視点からの模索は欠かせない。その地域が

5　鶴見和子・川田侃『内発的発展論』東京大学出版会、1989年

いかなる来し方のうえに、現在があるのかを吟味することである。各地を訪れると、最近、千三百年という言い方をよく耳にする。この神社は創建千三百年とか、この仏像は千三百年前のものといった具合である。千三百年前とは7世紀後半の白鳳文化が、おおらかに花開いた飛鳥時代のことである。日本列島にはこの時代に建立された寺社や仏閣が、東北から九州まで数多く存在している。寺社や仏閣が建立されたということは、それを支える、ある程度の規模をもった集落が、その周辺にすでに形成されていたということである。

しかもそれらの寺社、仏閣、仏像などの由来はもちろん、集落の歴史についても、多くが文字によって残されている。地域の歴史は地域固有のものである。他の地域に置き換えることは決してできない。まちづくりに取り組むには、まずこうした地域固有の歴史を知ることがその出発点となる。

まちづくりを進めるためには、地域の将来を色々と模索するが、地域の将来は地域の過去の上にしか立脚できない。もちろんまちづくりを考えるうえで、他地域で先行する試みを参考にすることは重要である。しかしそのまちづくりを単に真似することは、二番煎じ、三番煎じ、やがては出がらしとなり、魅力に満ちたまちづくりにはつながらない。ましてや住民にとって、納得でき、腑に落ち、将来を共有しようとするまちづくりに、ともに取り組む決意には至らない。

地域価値の模索

地域の歴史に加えて重要なのは、地域価値の模索である。通常は地域価値というよりも、地域資源とか宝探しということが多い。間違いではないが、資源や宝と言ったとたんに、外に対して誇りに思っている古い神社や景観、昔から伝わる祭りや郷土食といったものに関心が向けられてしまう。もちろんそれらは地域が誇る大切な資源や宝である。しかしそうした代表的な資源や宝の陰で、じつはそこに暮らす人々の日常を支え、暮らしに欠かせない大切なものが数多く存在している。

　例えば山の斜面に古くから拓かれてきた棚田をもつ山村を考えてみる。かつて棚田は貧困の象徴のように言われた時代もあった。だが修復された各地の棚田は見事な景観となり、最近では多くの地域で、資源や宝として評価されるようになった。だが棚田が維持され、米作りがおこなわれるためには、そこに水を供給する、ため池や膨大な距離の水路が不可欠である。雨水を受けて傾斜を巧みに活かし、水をすべての田に配分する水路は、毎年季節ごとに集落総出で整備される。天水が足りなければため池も配置される。資源や宝を探そうという発想からは、往々にして、こうしたため池や水路の存在が抜け落ちてしまうことが多い。

　厳しい山村の維持、再生にとっては棚田の景観を評価することも重要であるが、それ以上に、ため池の管理や、棚田に水を供給する水路の補修、維持が前提となる。ため池や水路がきちんと機能していることや、それらの維持管理を担う、社会的な機能が保持されていることのほうが、地域にとってより重要な〝価値〟なのである。

岡山県北の美作市《みまさかし》上山地区は、地域おこし協力隊の導入を契機にした、集落再生の活動が注目されている。70世帯、160人の集落であるが、そのうち約2割を移住者が占める。住人が減り、空き家が増えていくだけでなく、耕し続けてきた8千枚を超える壮大な棚田が荒廃し、山に飲み込まれようとしていた。移住者たちは奈良時代からそこで暮らしてきた集落の人たちに協力して、棚田の復田を手掛けようとした。しかし耕さなくなった田の雑木の処理と同時に、重要だったのは棚田に水を導く延長15キロに及ぶ水路の改修だったと聞く。

地域の資源や宝だけにとらわれていては、地域にとって本質的な〝価値〟を見失ってしまうことになり易い。両手ですつくた大切なものが、指の間から抜け落ちてしまうようなことになる。まちづくりに取り組むに際して、まずは「まちづくり資源地図」を作成してみようということによくなる。しかし地表面に表れている状況や、建設された建物など、可視的なものを表した地図の下には、そこに蓄積されてきた出来事や歴史的な変遷、そこで生きてきた人々の記憶といった、いわば地層とでも呼べるものが、色濃く何層にも積み重なっている。実はそこにこそ、まちづくりにとって重要な要素が潜んでいる。

岡山県美作市上山地区　棚田

（水柿大地氏提供）

住むことの価値と地元学

人々は地域に何らかの価値を認めて、そこへ定住をしてきた。もちろん鉱物資源や温泉といった資源を求めて定住がはじまった地域もあるだろう。だが全国の多くの地域や集落をみると、鉱物資源や温泉といった資源が存在しているといった即物的な側面だけでなく、水があるとか、少し平らな土地があるとか、後ろに山があり風を防げるとか、複合的に諸条件が織りなして形成される場所の価値を認めて、地域や集落は形成されてきたといえる。

自立をめざすまちづくりとは、「まずはそこに何があるかから発想する」と吉本哲郎氏が主張する地元学に通じるものがある。吉本氏が勤務した熊本県水俣市は、チッソ水俣工場が排出したメチル水銀による水俣病で壊滅的な被害を受けた。地名が病名になっているのは水俣病だけだという。水俣のすべてのものが、そのことでマイナスのイメージになってしまった。

しかし水俣湾の浚渫《しゅんせつ》事業や埋立て事業は完了し、１９９７（平成９）年には水俣湾安全宣言も出された。水俣市は全域が水俣川の同一水系で、水俣市に降った雨は、水俣川を通じてすべて水俣湾に注ぐ。「これからは水俣市民の暮らし方が問われる。マイナスに縦線を入れてプラスにするのは、これからの水俣市民の勤めだ」（吉本氏）と、公民館の床に大きな水俣の白地図を張り、お年寄りから子どもまで、みんなでどこに何があるか、〝あるもの〟を探すこと、つまり地元学からまちづくりを進めた。そのことがエコタウンや環境モデル都市へと広がる、水俣のまちづくりへとつながっていった。

地域の相対化とネットワーク形成

次に必要なことは、地域の〝価値〟や地域に〝あるもの〟がどのような意味をもっているか、を模索することである。周辺の地域や広域的な視点、あるいは全国的、世界的にみて、その価値はいかなるものかを比較、検討することである。そのためには地域を客観的にみる視点や、地域を相対化できる力量が問われる。すなわち地域の価値を把握しながら、地域の外の世界を知り、地域の独自性や個性を認識することにほかならない。

民俗学者の宮本常一氏は、16歳のとき故郷の周防大島《すおうおおしま》（山口県）を出て大阪に向かうことになった。そのとき父から言われたことを書きとめた十カ条を書いている。旅に関する最初の4項目だけ引いてみる。[6]

① 汽車に乗ったら窓から外をよく見よ、田や畑に何がうえられているか、育ちがよいか悪いか、村の家が大きいか小さいか、瓦屋根か草葺きか、そういうこともよく見ることだ。（以下略）

② 村でも町でもあたらしくたずねていったところはかならず高いところへ上って見よ、そして方向を知り、目立つものを見よ。峠の上で村を見おろすようなことがあったら、お宮の森やお寺や目につくものをまず見、家のあり方や田畑のあり方を見、周囲の山々を見ておけ、（以下略）

③ 金があったら、その土地の名物や料理はたべておくのがよい。その土地の暮らしの高さがわかるものだ。

④ 時間のゆとりがあったらできるだけ歩いてみることだ。いろいろのことを教えられる。

6　宮本常一『民俗学の旅』文藝春秋、1978年

宮本の家は周防大島の貧しい農家であったが、父は子供の宮本を薪とりに連れていくと、必ず山の頂に連れていき、そこから見える瀬戸内海の島々を一つ一つ説明したという。その頃からの行動が「新しい町や村に行ったら必ず高いところに上ってみよ」との心得に表れているのであろう。これはたんに高いところから一望することで、町や村の全体が把握できるということに留まらない。地面を這いずり回るようにして取り組んできたまちづくりの試みを、いっときは離れて、鳥瞰的な視点で相対的にみることで、他に誇れるところ、足らざるところを再確認することに通じるのではないか。

旅に関するこの4項目は、現代のまちづくりに関るものにも示唆的である。旅に出ることによって、外の世界を知り、自らが永年過ごしてきた地域を、客観的に見つめ直すことができるのも、われわれがよく経験することである。まちづくりに行き詰まったとき、グループでともに旅をし、他のまちの試みやそれを担う人たちとの交流をすることで、新たな気づきとともにまちづくりのステップアップができることも多い。17世紀から19世紀にかけて、イギリスの富裕貴族が、その子弟の教養を高めるため、当時としてはより洗練された文化をもっていたフランスやイタリアに、長期に旅をさせるグランドツアーが流行した。これも同様の意義をもっていたのであろう。

恵蛄不知春秋

中国の古典『荘子』にも似た記述がある。「小知不及大知、少年不及大年、・・・朝菌不知晦朔、恵蛄不知春秋」（狭小な知識では想像もつかず、短い寿命では長い寿命のことは及びもつかない。・・・朝から暮れまでの命の朝菌は、夜と明け方を知らない。夏ぜみは夏だけの命で春と秋を知らない）というものだ。この前段に、「大鳳が南の果ての海へと飛んでいこうとするときには、海上を三千里滑走して、九万里の上空へ登り、そこから南の空を目指す」とある。いずれも大きな志を成し遂げようとするときは、それなりの大局観と長期的ビジョンが必要だと説いている。[7]

その意味では、自立や内発とは、必ずしも特定地域に固執して、内にこもり閉鎖的になることではない。地域内に存在する価値や独自性を明確に認識しつつ、周辺地域や類似の価値をもつ地域とも幅広い連携を保ち、連携のなかからまた新しい価値を創出していくことが重要である。他地域との連携、関連の識者や専門家とのネットワーク形成はまちづくりには不可欠である。

4 「開発」が意味するもの

空海がもたらした言葉

まちづくり、地域づくり、地域振興とならんで地域開発という言葉も使われてきた。この言葉を冠した月刊『地域開発』㈶日本地域開発センター刊、現在では季刊となっている）は、長い間、この分野での唯一の定期刊行物であった。高度経済成長期後期になると、日本列島は

7 金谷治訳注『荘子 第一冊 内篇』岩波書店、1994年

公害問題の多発、大都市への過度な集中、地価の高騰、そしてリゾート開発へと進んでいった。

それにつれて、地域開発という言葉、とくに開発という言葉は、その意味合いや受け止めかたが変化していった。地域開発とは海を埋め立てて大規模な工業基地を造成したり、大都市郊外に巨大で画一的な住宅団地を建設したり、自然の山野を破壊しゴルフ場やスキー場をつくることと同義語だ、ブルドーザーの代名詞だと批判の対象ともなった。月刊『地域開発』を毎月編集、発行していた立場としては、やりきれなさを感じ、開発という言葉は、本当にそのような自然破壊や埋め立てといった行為を指す言葉なのかと、疑問に思うようになっていた。

そんなとき、ふと目に留まったのが、新聞に掲載されていた松長有慶氏（高野山大学学長・当時）のコラムであった。そこにはおおむね次のようなことが書かれていた。

「〝開発〟という言葉は、現在世間で使われているような、自然破壊や画一的な住宅団地の建設などを本来は指すものではない。空海が伝えた経典に「無量の衆生の種々の善根を平等に開発（かいほつ）する」という言葉がある。それは「世の中の生きとし生けるものすべての、良さや個性を、本人が気づいていないものまでも、切り拓いて気づかせること」という意味だ。「開発」とは「無量の衆生」、生きとし生けるもの、そこに存在するものの良さや可能性を切り拓いて見出し、確認することだ」

「無量の衆生の種々の善根を平等に開発（かいほつ）する」という言葉自体は、空海によって伝えられた『大日経疏』入真言門住心品第一に記載されている。[8]
　すなわち「無量の衆生」、生きとし生けるものを、「地域」と置き換えれば、「開発」とは様々な地域の「善根」、つまり地域の良さや個性、価値を、そこに生活している人々が気づいていないものまでも、切り拓いて確認をし、その可能性を模索することだ、と理解できる。まさに内発性そのものである。空海は、慢性的な水不足に悩む讃岐の田に水を供給する満濃池《まんのういけ》（香川県）の修復に関わったり、壮大な祈りの道である四国霊場八十八箇所をつくったと言い伝えられる。それはまさに当時の地域開発そのものにほかならない。

本来の開発と教育

　開発という言葉は教育とも関連している。教育の場で、教師が中心となり、知識伝達本位の姿勢で教養などを教え込もうとする注入主義の教育に対して、スイスの教育者ペスタロッチ（１７４６～１８２７年）などが唱えたのが開発教育であった。子供との対話や質疑、子供による発見や自発的思考、子供の内面からの知的好奇心を誘発する教育法である。つまり子供のもつ可能性を教師や親が気づいていないものまでも引き出し、将来の可能性に結び付けていこうとする教育法といえる。

　現在ではごく当たり前の教育観であるが、フランスの歴史学者、フィリップ・アリエスの論考と合わ

8　『密教経典』宮坂宥勝訳注、講談社学術文庫、２０１１年

せて考えれば、近代における新しい教育方法ということが理解できる。アリエスは『〈子供〉の誕生』のなかで、絵画や彫刻から検証し、中世から16世紀に至るまで、子供というものは存在しなかったと述べている。[9] その時代の子供とは、奇妙な小さな背丈の低い生きものとして描かれていた。そうした存在に対して、大人の価値観のもとに、大人の枠に当てはめ、躾をし、身体的にもやっと成長した生き物を、人間として社会的に認めるというプロセスが踏まれたと述べている。そしてそのような既成の枠に当てはめるのが、当時の教育とされてきた。多くの子供が生まれ、そのうちの多くが幼いうちに死んでいった、当時の社会的背景があったことはいうまでもない。

そのことを打破し、子供のなかに内在する可能性を最大限に引き出し、そのことにより子供が自身の力を蓄積し、発達していくことを教育の目標としたのが、ペスタロッチたちの教育法であった。それまでの注入主義の教育ではなく、ディベロップメント、開発主義の教育としたのであった。

教育とは education と書くが、educate はラテン語で e-ducere という言葉で、e は ex すなわち out を意味し、ducere は draw を意味する。つまり educate は draw out 引っ張り出すという原義で、人間のもつ能力をその人間から引き出すこと、という意味である。

開発の develop も同様である。ラテン語の de-veloper からきており、de は un、velop は wrap であるから、develop は unwrap つまり包まれたものを開け広げるという意味である。ちなみに封筒の

9　フィリップ・アリエス『〈子供〉の誕生』みすず書房、１９８０年

envelope は wrap in で包み込むということになる。

この教育に関する観点からも、開発、地域開発という言葉は、自然破壊や外からの画一的なまちづくりを押しつけるという意味合いとは異なり、そこに内在された個性や価値を見出し、最大限に活用することが本来の意味だといえる。

第３講

人口減少社会を越えて

１　人口減少社会の実像

人口減少の実態　日本の総人口は２００８年の１億２８０８万人をピークに減少に転じた。政府は今後の人口動向について、２０１５年の国勢調査をもとに、50年後の２０６５年に向けて、おもに以下の４点を示している（（%）内は総人口割合）。

①　総人口の減少：長期の人口減少過程に入り、２０５３年には１億人を割って９９２４万人となり、２０６５年には８８０８万人と推計される。

②　年少人口（0～14歳）の減少：出生数自体が減少するなかで、２０５６年には１０００万人を割り、２０６５年には８９８万人（10・2%）となる。

③　生産年齢人口（15～64歳）の減少：戦後一貫して増加してきた生産年齢人口は、１９９５年の国勢調査で８７２６万人（69・5%）となったが、その後減少し、２０１５年には７７２８万人（60・8%）となり、２０５６年には５千万人を割り、２０６５年には４５２９万人（51・4%）へと減少する。

④　老年人口（65歳以上）の推移：２０１５年の３３８７万人（26・6%）から、しばらくは緩やかな増加

期となり、第二次ベビーブーム世代が老年人口に入った後の２０４２年に３９３５万人（36・1％）で老年人口はピークを迎える。その後一貫して減少に転じ、２０６５年には３３８１万人（38・4％）と推計される。

（国立社会保障・人口問題研究所『日本の将来推計人口（平成29年推計）』２０１７年４月）

全体的に人口は減少し、年少人口、生産年齢人口とも減少する。高齢化は進むが２０４０年あたりから老年人口も減少する、というのが全体的な人口推計である。人口減少は社会保障や国土管理など様々な側面において多くの問題を生じさせる。

生産年齢人口の減少

なかでも懸念されるのが生産年齢人口の減少である。ピークであった１９９５年には総人口の７割が生産年齢人口であったが、２０１５年は６割となり、２０６５年には５割と推計されている。

定年延長、女性の社会進出等で、65歳以上の就業者と女性の就業者は２０１２年以降増えている（総務省統計局「労働力調査２０１８年」）。ただ生産年齢人口自体は大幅な減少であり、介護、建設、農業等の分野においては人手不足が深刻である。そこで外国人労働者の受け入れを拡大する改正入管法が２０１９年４月から施行され、技能実習生の受け入れが拡大されようとしている。

しかしそれ以前に、日本には海外からすでに多くの移住者が流入している。表3－1は、ＯＥＣＤ加盟国における1年間に流入した移住者数の上位10か国を、年ごとに比較したものである（「国際移住統計」ＯＥＣＤ、２０１８年）。日本への移住者数は、２０１０年には28・7万人でＯＥＣＤ加盟国中7位であったが、年ごとにその数は増え、順位をあげて、２０１６年にはイギリスに次いで4位となり、年間42万8千人の移住者を受け入れている。想像以上に多くの移住者を、すでに受け入れているのが日本の現状なのである。

陸続きで国境を接し、長年にわたって国外の労働者を受け入れてきたヨーロッパの国々においても、最近、移民排斥の動きが高まっている。ましてやそうした経験の少ない日本においては、どのように海外からの移住者や新たな労働者を受け入れていくのか、これは大きな課題である。現状に対してなし崩し的に対応をするだけでは、将来に大きな禍根を残すことになる。その点でも、とくに生産年齢人口減少への対応、

表3－1　一年間に流入した移住者数（OECD 加盟上位 10 ヵ国）

順位	2010	2011	2012	2013	2014	2015	2016（万人）	
1	米国	米国	米国	ドイツ	ドイツ	ドイツ	ドイツ	172.0
2	ドイツ	ドイツ	ドイツ	米国	米国	米国	米国	118.4
3	英国	英国	英国	英国	英国	英国	英国	45.4
4	イタリア	イタリア	イタリア	韓国	韓国	日本	日本	42.8
5	スペイン	スペイン	日本	日本	日本	韓国	韓国	40.2
6	韓国	韓国	韓国	イタリア	スペイン	スペイン	スペイン	35.4
7	日本	日本	スペイン	カナダ	カナダ	カナダ	カナダ	29.6
8	カナダ	カナダ	カナダ	フランス	フランス	フランス	イタリア	26.3
9	フランス	フランス	フランス	スペイン	イタリア	イタリア	フランス	24.1
10	豪州	豪州	豪州	豪州	豪州	豪州	豪州	21.8

（OECD 国際移住者データ 2018）

そして高齢者の社会参加、女性の社会進出に対する手厚い支援等に、今後は十分目を向ける必要がある。

〝地方消滅〟論

こうした人口減少問題に、色々な意味で警鐘を鳴らしたのは日本創成会議（増田寛也座長）のいわゆる「増田レポート」であった。まずは２０１３年11月、『中央公論』（２０１３年12月号）の特集〝壊死する地方都市〟のなかで「２０４０年、地方消滅。「極点社会」が到来する」、次いで２０１４年５月８日には、日本創成会議・人口減少問題検討分科会（分科会座長・増田寛也氏）の「「ストップ少子化・地方元気戦略」～成長を続けるために」が公表された。これらをとりまとめるかたちで『地方消滅―東京一極集中が招く人口急減』（増田寛也他編著、中公新書、２０１４年８月）も発刊された。

とくに「ストップ少子化・地方元気戦略」のなかで、「全国市区町村別「20～39歳女性」の将来推計人口」として公表された人口予測は大きな議論を呼んだ。福島県を除く46都道府県の全市区町村について、２０１０年に比べて２０４０年に、20～39歳の女性が50％以上減少する市区町村を消滅可能性が高いとし、８９６市区町村を表示した。８９６市区町村といえば、この調査では福島県の市町村は含まれていないが、全国の市区町村の約半分にあたる。さらに８９６市区町村のなかでも、人口一万人未満の５２３市町村を、より消滅可能性が高いとして黒々と表示している。この推計人口の公表は、多くの市町村の現場に大きな混乱や戸惑いを与えた。

地方消滅論の影響

この推計の公表や一連の主張に対して、大森彌氏はすぐさま次のように論評した。

「（自治体消滅など）起こらない。起こるとすれば、自治体消滅という最悪の事態を想定したがゆえに、人びとの気持ちが萎えてしまい、そのすきに乗じて「撤退」を不可避だと思わせ、人為的に市町村を消滅させようとする動きが出てくる場合である」[1]

また小田切徳美氏も以下の三点について、問題点を厳しく指摘している。[2]

① 基準とする期間で人口の変化率がマイナスであれば、それを延長することによりいつかは「ゼロ」に近づく。消滅を言うのであれば、まず「消滅」を定義して、それがいつになるのかを言わなければ、何も語っていないに等しい。

② なぜ人口一万人以下となると「消滅可能性」が「消滅」に変わるのか。一万人という市町村の人口規模にいかなる質的相違があるのか。

③ 都市から農山村への移住傾向に対する過小評価がある。この推計は２０１０年を基準としていて、２０１１年の東日本大震災以降に急増している移住の状況を反映していない。とくに人口の小規模な市町村では、少しの変化が長期推計に大きな影響を与える。最新のデータによる修正が必要だ。

1　大森彌「「自治体消滅」の罠」『町村週報』全国町村会、２０１４年5月19日号
2　小田切徳美『農山村は消滅しない』岩波新書、２０１４年12月

またこの「増田レポート」の発表を受けて、市町村の現場を担う首長からは戸惑いの声も聞こえる。「うちの村は決して消滅させない。ただ村の子どもたちが、親から「この村もなくなる」と聞かされて、心配そうに尋ねてくるのがやるせない」（山梨県内の村長）といった思いは方々で聞く。まさに〝噂〟が増幅されて、〝まこと〟になりかねない危うさをもっている。厳しい農山漁村にあっては、住民とともに何とか前を向こうと懸命に頑張っている市町村長や自治体職員が多い。ところが、消滅の噂で「あぁ、やっぱりここはだめか」と、住民や子どもたちの気持ちが地域を離れて他へ向かい、市町村長や職員の気持ちがくじけ、やる気が失せるようなことがあってはならない。またそうした隙に乗じて、人為的に自治体を消滅させるような力が働くことは、厳に避けなければならない。ただ明治以降の市町村合併で、自治体数は大きく減少してきた。平成の市町村合併でも、１９９９（平成11）年４月から２０１０（平成22）年３月では、市町村数は３２２９から１７２７へ減少し、とくに人口１万人未満の町村は１５３７から４６５へ激減している。まさに人為的に自治体が消滅したわけである。しかし平成の合併を経験した市町村からは、合併したことへの反省の声が多い。合併して周辺部となり、かつての町村役場がなくなった地域では、一層の人口減少、集落の疲弊が起こっているのは厳然たる事実である。

小規模市町村の先進的取り組み

ただ小田切氏も指摘しているように、人口一万人未満を小規模市町村として、「より消滅可能性が高い」「消滅する」と断じる論拠は全く不明である。図３－１は、人口

1万人未満（2015年国勢調査）の町村で、ふるさとづくり大賞や過疎地域優良事例表彰を受けた町村から、全国的にも評価が高く、まちづくりの先進的な役割を果たしてきた町村を、現場の状況が分かるものに限定して、列挙したものである。

その多くは平成の市町村合併時にも合併をせず、単独で進むことを選び、まちづくりに邁進してきた。例えば島根県海士町は第2講でもふれたとおり、閉校の危機にあった町内の県立隠岐島前高校を、全町挙げて魅力溢れる学びの場にし、全国から島留学の高校生を呼び寄せ、高校の存続に結びつけた。その試みは高校の魅力化として全国に波及し、大都市圏や県外から地方の県立高校で学ぼうという機運を生んだり、子

図3－1 小規模町村（一万人未満）の先進的取組み

（人口はいずれも2015年国勢調査）

どもたちが新しい学びの場に目を見開く切っ掛けをつくった。

ここに掲げた町村の取り組みは、海士町をはじめとして、一万人以下の町村の取り組みであるが、それらは小規模市町村はもちろん、大規模な自治体にとっても大いに刺激となる、ユニークで創意と工夫に満ちたまちづくりの取り組みといえる。小規模市町村は決して厄介な存在やお荷物となる自治体ではない。小規模ゆえにその人材と地域価値をフルに活用して、まちづくりに取り組んでいる宝のような存在である。ここに掲げた町村以外にも、一万人未満でありながら、先進的な試みを実践している多くの自治体がある。

「地方創生」への展開

一連の「増田レポート」は、強い政策的意図をもっていたことは明白である。増田氏自身、建設省（当時）出身で岩手県知事、総務大臣等を歴任し、中央省庁における政策形成については熟知している。また日本創成会議の構成員には、総務省、財務省の事務次官経験者が名を連ねている。こうした背景をみても、厳しい人口減少の状況を国民に提起し、それに対する思い切った政策展開を、一気に促そうとした意図がみえる。

政府による、いわゆる「地方創生」の展開もその流れといえる。２０１４年９月の第二次安倍内閣発足を契機に、同11月の「まち・ひと・しごと創生法」に基づき、政府は「まち・ひと・しごと創生長期ビジョン」と「総合戦略」を閣議決定した（２０１４年12月）。「長期ビジョン」では、人口減少の歯止めと東京一極集中の是正で人口減少問題の克服を図り、成長力を確保するとし、そのもとに２０１５年度から２０１９年度の５ヵ年の「総合戦略」を定めた。

「総合戦略」では、「地方における安定した雇用を創出」（しごと）、「地方への新しいひとの流れをつくる」「若い世代の結婚・出産・子育ての希望をかなえる」（ひと）、「時代に合った地域をつくり、安心なくらしを守るとともに、地域と地域を連携する」（まち）の基本目標を定め、主要施策を提示した。

この長期ビジョンと総合戦略を勘案して、都道府県と市町村は、それぞれの人口ビジョンと地方版総合戦略を策定することとなった。全都道府県とほぼすべての市区町村でそれらは策定され、２０１９年度で最終年度を迎えた地方創生は、２０２０年度から２０２４年度の第二期に向けて新しい展開となる。

2　地域社会、集落からみる人口減少

都道府県、合併市町村と人口

「地域は消滅する」「こんなところは人の住むところではない」といった強迫観念を、外圧的に押しつけても、それぞれの地域で暮らす人々にとっては、そのことが将来に向けてのまちづくりを考えることにはつながりにくい。一方で、集落自体は簡単には消滅していない。日本の過疎地域等条件不利地域に指定された地域内には、約７万６千の集落が存在するが、２０１０（平

成22）年から２０１５（平成27）年の5年間で、消滅した集落は１９０であった。そのうち津波などの災害やダムなどの公共工事により消滅した集落を除いた自然消滅の集落は88集落で、全体の０・１％に過ぎない（国土交通省・総務省「過疎地域等条件不利地域における集落の現状把握調査」２０１６年9月）。

そうした集落の根強さはあるが、地域社会、集落において、人口減少自体は確実に進んでいる。このことを直視しながら、いかに地域の人々が自らの課題として、人口減少問題を把握し、わがこととして認識し、その解決にどう取り組むかが重要である。人口減少問題を、国や都道府県、市町村が解決すべきこととして傍観するだけでは、自らの居住する集落や地域社会の崩壊を早めるだけである。都道府県や市町村とともに、どうすればそこで豊かな生活が再生できるのか、共に考える道筋を模索することこそ重要ではないか。

県レベルの地方創生である「福島県人口ビジョン」（２０１５年11月）と「ふくしま創生総合戦略〜ふくしま7つの挑戦」（２０１５年12月）に関して、２０１５（平成27）年1月から福島県地域創生・人口減少対策有識者会議の座長として関ってきた。福島県では東日本大震災、原子力災害で、現在でも県内に約1万人、県外に約3万人の避難者が存在する（２０１９年4月現在）。県では、２０６０年を目標年次にした人口ビジョンを策定するために、避難者アンケートを実施し、「戻る意思がある人」「判断に迷う人」「戻らないと決めている人」等の帰還率や合計特殊出生率を検討するなど、大変な努力のうえ、将来推計人口を「福島県人口ビジョン」として発表した。

それは基準年である２０１０年の２０３万人から、社会保障・人口問題研究所の推計する２０４０年の１４７万人、２０６０年の１０７万人を上回る、それぞれ１６２万人、１４２万人と推計する涙ぐましい数字であった。県としては将来を見据えていくうえで、人口という基礎的なデータを策定することは不可欠なことである。しかし一般の県民に対して、20年後、40年後の県全体の人口動向に関して、いかに関心を持って貰うかは、なかなか難しい問題である。福島県のみならず、他の都道府県も一様に、今回の地方創生では２０６０年を目途にした人口ビジョンを策定したが、多くの都道府県に同様のことが言えるであろう。

都道府県レベルだけでなく、市町村レベルにおいても、住民が40年先の人口動向に、関心を持ちづらいのは同じであろう。この点については、平成の市町村合併を経験した自治体においては、とくに留意しておく必要がある。広域で合併をし、新市となった枠組みで、増田レポートでいう〝消滅可能性〟都市でなくなったとしても、安心できるわけではない。市域内の旧町村地域においては、合併後、以前にも増して人口減少が進んでいるのが、平成合併市の実態である。合併したことによって、往々にして人口減少の現実から、目がそれてしまうことが多い。全市レベルで一括してみてしまうことにより、市域内の集落や地域社会の人口減少は見過ごされ易い。

その意味では、市町村を構成する地域社会や集落レベルにおいて、居住者の実態を把握しつつ、人口減少問題を認識することこそ重要である。例えば5年後、10年後、20年後、高齢者やそれぞれの家族はどうなっているか、そうしたことを集落のなかで互いに確認し合うことを通じて、はじめて人口減少問題の深刻さを互いに認識することになる。そうした試みを起点にすれば、より真剣に地域の将来を模索するまちづくりにつながっていく可能性がある。

秋田県北秋田市
旧阿仁町根子集落

秋田県北秋田市旧阿仁町《あにまち》に根子《ねっこ》という集落がある。旧阿仁町は江戸中期には日本最大の銅の産出量を誇った。その銅は阿仁川、米代川を経由して大阪、長崎へ運ばれ、当時、輸出された日本の銅の主要部分を占めた。明治になって政府は、この阿仁町へドイツ人技師を招き、銅生産の指導にあたらせた。町内にはその技師たちのためのレンガ造りの洋風官舎が現在も保存されている。

旧阿仁町の中心部、阿仁合《あにあい》から車で15分ほど南の山中に根子集落はある。この集落からまちづくりの相談を受けたのは２００７年のまちづくり元気塾（東北電力㈱主催）の一環であった。日本中の山間部集落同様、根子集落の課題も、人口減少、高齢化、田畑の荒廃等々の解決である。

秋田県旧阿仁町 根子集落

　１９７５（昭和50）年に開通した根子トンネルを抜けると、そこには四方を山に囲まれたこじんまりとした盆地が現れ、眼下に根子集落の家々が見える。集落は盆地の中心部に肩を寄せ合うように固まり、集落の周辺には水田が広がり、なだらかな山裾から山頂は林地となっている。隠れ里のような美しい景観である。待ち合わせ場所の児童館に行ってみると、そこには数名のお年寄りしか集まっていない。最初に訪ねる集落ではよくあることで、それほど気にはならなかったが、集まったお年寄りたちに聞くと、「人が減っていることは分かっているが、成り行きに任すしかない」といった諦めの言葉が多かった。次回は声を掛けあって、もう少し多くの人に集まって貰うことを依頼した。

　実はこの根子は、古い歴史と伝統に彩られた集落で、この地方一帯に広く分布する、阿仁マタギ発祥の地でもある。古くから熊の胆を加工、製造し、胃腸薬、鎮痛剤として行商をおこない、裕福な時代も続き、子どもたちの教育にも熱心であった。勇壮な「根子番楽」も伝承され、２００４年に国の重要無形民俗文化財に指定されている。菅江真澄や民俗学者の折口信夫も訪れている。戦後まもなくまで、石炭を掘った炭鉱もあった。

　次回の会合には10数人が集まってきた。こちらが用意したのは、各戸の形まではっきり分かるほどに拡大した集落の地図で、畳一畳を優に超えるものだ。この集落地図の周りに集まって貰い、しらみつぶしに各戸の状況を確認して貰う。「この家はお年寄りの一人暮らし」「ここの息子は秋田市にいるが帰ってこないだろう」「ここは最近空き家になった」等々といった情報が、全戸にわたって明白になる。

もちろんプライバシーの問題もあるが、なにもこの情報を外に発表するわけでもない。何十年も一緒に暮らしてきた集落の人たちに、この場で全体の状況を確認して貰うためである。集まった人たちにとっても、こうした集落全体の状況が分かったのは初めてのことであった。そこで投げかけたのが、5年後、10年後、20年後の各戸の姿はどうであろうか、という問いである。そこまで踏み込むと、より具体的に根子集落の将来の厳しさを共有することができた。

景観や生活の質を問う

次の集まりまでに依頼したことは、長年暮らしてきた根子集落の、お気に入りの風景を、デジカメで全員、数枚ずつ撮影してきて貰うことであった。次の会では、お年寄りが撮った根子集落の写真が次々と映し出された。「朝日が当たるころのあの山が一番好きだ」「うちの庭からみる田んぼの風景がいい」と、日常生活のなかから、根子を再発見して貰い、客観的に根子集落を見つめ直すことにつながった。「やっぱり根子はいいところだ」と再認識する。

「いいのは風景だけではないはず」と次回は、女性陣に頑張って貰い、根子に伝わる伝統料理や、根子の食材を活用した自慢料理を持ち寄って貰った。野菜のくるみ酢和えの〝すやっこ〟、独特な漬物〝ナッツ〟、正月料理の〝きゃの汁〟などの昔から伝わる郷土食が揃う。若いお母さんたちからは山ブドウ寒天など、山村ならではの素晴らしい料理が出る。男性陣は雪に閉じ込められる季節に、みんなで集まっては楽しんだという昔の遊び、〝宝引《ほうび》き〟を楽しそうに演出してくれた。

人口は減少しているが、集落の可能性を様々な視点から見直し、何とか将来に繋いでいく作業が積み重ねられた。なかには空き家となった民家を個人で改修し、古民家体験施設とする人もでてきた。翌年には「食フェスタ」も開かれ、２０１０年６月の「根子・菜の花番楽祭り」には、秋田市内や県外からも３００人が根子を訪れた。参加者はトンネルを抜けた根子集落の入口で参加費を払い、秋田杉でつくった参加証を首からかけて、子どもたちの番楽や老マタギの話、根子の食を楽しんだ。最近では秋田内陸縦貫鉄道沿線の魅力ある集落のひとつとして注目されている。

１９８７（昭和62）年に78戸であった（古内一樹「過疎山村における婿入り婚」『新地理』日本地理教育学会、１９８９年12月）根子集落は、調査開始時の２００７（平成19）年には75戸、１９９人であった。だが２０１９年４月には58戸、１３０人（秋田県あきた未来創造部）となり、人口減少は依然として深刻である。しかし地域社会や集落を構成する各戸、各人が、このようにして人口減少問題を自分たちの問題だと認識し、そのうえで生まれ育った集落や地域社会に、誇りをもつ気持ちが芽生えることにより、何とかしなければと、人口減少問題に具体的に対応する方策を、住民が共有することが可能になってくる。

高齢化が進んでいる条件不利地域の集落においても、集落は簡単には消滅せず、現時点ではなんとか踏みとどまり存続しているところが多いというべきであろう。根子集落も58戸で現状では持ちこたえられている。世間から無視され、誰からも振り向かれないといった地域や集落をつくることなく、また置き去りにせず、ここにはこんな来歴や地域の価値があると、永年そこに暮らしてきた人たちが自信をもち、将来のことを考えることのできる地道な試みを積み重ねることが必要ではないか。こうした取り組みが、より多くの地域や集落で模索されることが、生産年齢人口の減少への対応や高齢者の就労の機会の拡大など、人口減少問題に対応する喫緊の課題に対しても、その解決に繋がる道筋を示唆することになる。

3　人口減少社会は不幸か？

人口増加社会の厳しさ

人口減少社会や人口小規模地域は、ともすれば暗く負のイメージで語られることが多い。それでは反対に人口増加時代やそこでの地域社会は明るく幸せな時代だったのか。日本における人口増加社会を身をもって体験し、その時代とともに歩んできたのは、１９４７（昭和22）年から１９４９（昭和24）年に生まれたいわゆる団塊の世代である。

第１講で述べた地域社会研究会では、東京都生活文化局から委託を受けて、東京都内の団塊の世代について調査を行なった。[3] 調査時の１９８５（昭和60）年前後、団塊の世代は30代後半であったため、当時はニューサーティとも呼ばれた。団塊の世代は生まれたときからベビーブーマーと名付けられ、その

3　日本地域開発センター『ニューサーティの生活と意識に関する調査研究報告書』東京都、１９８５年12月

人口ボリュームの大きさが、様々な社会的波紋を投げかけてきた。例えば１９５４（昭和29）年の小学校入学時には、東京都では前年の2倍の入学者数となり、教室不足から、すし詰め教室やプレハブ教室もつくられ、二部授業といったことも起きている。大学入試でも倍率は高く、大学生となった頃は、学園紛争が全国で多発した。社会人となってからは、通勤ラッシュ、都内主要道の騒音や排気ガス公害、鉛公害、光化学スモッグなどが起こり、社会問題化した。結婚して一家を構えるにも、東京都内の公団住宅の入居競争率は50倍を超え、地価は高騰し、宅地を取得することも困難であった。職場でも多人数のなかで競争意識が高まり、従来の慣行であった年功序列より、個人の専門性が求められ、職場環境も厳しい時代となっていった。こうみてくると、人口増加社会が決して明るい社会ではない側面も多い。

人口減少、小規模社会の身近さ
～山梨県小菅村

単純に比較はできないが、その厳しさに比して、人口減少社会や小規模地域社会の利点といったものも、確認してみる意味があるだろう。

人口減少、小規模の両側面をもちながら、元気な村づくりに挑んでいるのが山梨県小菅村である。多摩川の源流部に位置する人口７２６人（２０１５年10月）の山村で、村域の95％は山林、そのうち3割は東京都の水源涵養林になっている。人口千人に満たない村ながら、多摩川下流域の川崎市や東京都大田区、狛江市といった自治体と幅広い交流を続けてきた。また源流域をもつ全国の市町村と連携し、源流域の価値や重要性を発信する「全国源流の郷協議会」を先頭に立って牽引している。

しかし村の高齢化率は45・２％（２０１５年）と高く、高齢者への対応は急務である。拠点となるのは高齢者生活福祉センター「きぼうの館」で、ヘルパーや看護師が、お年寄りの生活支援をしている。人口７００人強の小菅村では、村民のほとんどが互いに顔見知りの仲である。ヘルパーたちは通ってくるお年寄りについて、それぞれが昔から村内でどんな活躍をしてきたのか、またお年寄りの住んでいる集落や家庭の状況についても熟知している。施設でのリハビリと交流の様子を見ていると、そこには笑いと歓声が上がる。古くから知り合いのお年寄り同士が打ちとけ、昔の活躍ぶりをよく知っているヘルパー達はお年寄りを敬い、同姓が多い村のなかでは、お互い呼び合うのも下の名前だけだ。

高齢者施設だけではない。このところ源流親子留学などで児童数が少し増えている村立小菅小学校も同様である。36人（２０１８年4月）の子どもたちは、村の人たちや役場職員からも見守られ、将来を担う村の宝だと大切にされている。村の食材を使った給食や村民が協力する自然体験授業など、村ならではの質の高い教育活動が実施されている。

心の通う村には若い人も集まってくる。２０１１年から２０１９年までに村で活躍した地域おこし協力隊員は27人で、現在活動中の隊員は９人もいる。終了した隊員18人のうち村に定住している人は10人で、それぞれが起業したり、村内外の企業に就職したりしている。また村職員21人の内12人は、小菅村で働くことを希望して、村外からきたＩターン者である。

こうした状況をみると、村民が懸命に村を支えながら、一人ひとりが尊重され、安心感が得られる、小規模社会ゆえの身近さが感じられる。大都市では実現することの難しい安らぎの場が創りあげられている。量や時間、経済的な物差しから推し量る効率性だけではない、このような人口減少、小規模社会が、もうひとつの価値観を提示しているといえる。

人口減少社会への対応　人口減少、小規模社会が示しているこのような意味を勘案しつつ、人口減少社会にどう対応するかを考えなければならない。ただその大前提として、人口は減るものだという諦めではなく、何とかして現状を維持する、できれば人口増に向けた方策を模索するといった挑戦が必要である。その前提の下で、次の三つの方策を考えてみる。

▼「定住人口」発想からの脱却

自治体や地域社会の人口は、通常、国勢調査による人口や住民基本台帳による人口を基本としている。これらは選挙や社会保障等では不可欠で重要な制度であるが、まちづくりではこれを基盤としつつ、異なる人口概念も導入する必要がある。移住志向も高まり、地域間交流も盛んとなった現在、かねてから提唱されてきた「交流人口」を再度、政策的に位置づける必要がある。

かつての「交流人口と地域づくりに関する調査研究委員会」㈶地域活性化センター・大森彌委員長、1991年）では、自治省（当時）幹部も委員として加わって、「通過するだけの観光客ではなく、地域に対して何らかの思い入れを持って訪れる人々に着目することが今後の地域活性化の大きなキーポイントになる」としたうえで、「交流人口」を「地域の住民とはならないまでも、その地域が自己表現した魅力にひかれてそこを訪れ、地域の人々とコミュニケーションを持つ人々のこと」と定義している。[4]

最近では「関係人口」という言葉が使われ、「長期的な「定住人口」でも短期的な「交流人口」でもない、地域や地域の人々と多様に関わる者である「関係人口」」とか、[5]「移住した「定住人口」でもなく、観光に来た「交流人口」でもない、地域や地域の人々と多様に関わる人々のこと」としている（総務省「関係人口」ポータルサイト）。いつのまにか交流人口とは観光客のこととなってしまい、違和感もあるが、いずれにしても定住人口だけから脱却した新しい考えを取り入れた取り組みが必要であろう。災害を受けた地域にボランティアとして出かけたり、被災地へ寄付をする人たちや、すぐれたまちづくりの取り組みを応援したり、本来の意味のふるさと納税をする人たちは増えている。定住人口に加えてこうした「交流人口」、「関心人口」、「応援人口」をいかに活かすかが重要である。

▼「人口構成」への着目

第二は「人口構成」への着目である。自治体の人口規模はさほど問題ではない。フランスのコミューン（日本の市町村に相当）は人口一万人未満が98％を占め、50人未満のコミューンが１００６もある。平均人口は１７００人でしかない。

4　『交流人口と地域づくりに関する調査研究報告書』㈶地域活性化センター、１９９２年3月
5　『これからの移住・交流のあり方に関する検討会報告書―「関係人口」の創出に向けて』総務省、２０１８年1月

フランスでも広域行政が進められているが、全国町村会で調査したフランス南西部、ボルドーに近いランド県ガスコーニュ広域行政組織「コミューン共同体」は、15のコミューンで組織されていたが、それでも人口は1万５００人に過ぎない。親日家の女性村長クロード・ボアソー氏が率いるモントーMontaut 村はこの共同体に属するが、人口６００人で、隣接するファルグ Fargues 村は、日本へも輸出するというフォアグラの産地だが、人口は３００人であった。[6] イギリス、スイスでもほぼ同様である。スイス山岳地域の人口が50人ほどの村では、役場は小学校入口の横の一室であったし、コンビニの２階が役場という自治体もあった。

人口減少で不安になったり、支障がおきるのは、多くの場合、人口数ではなく、高齢者の増加や生産年齢人口の減少といった、人口のアンバランスな構成に起因する。減少だけでなく増加も問題になる。例えば企業立地により大量の若手従業員が短期間に集中的に居住したり、外国人労働者が急激に増加することも、地域にとっては大きな課題となる。また地域にとってはうれしい悲鳴かもしれないが、現在のまちづくりが評価され、同一年代の移住者が多数押し寄せるのも、一時的な保育所整備や住宅整備などが必要となり、小規模地域には負担となる。その意味では、まずは地区人口の１％を取り戻すことから始めようという主張は一理ある。[7]

6　『海外地方行政調査報告書～フランス・イギリス』全国町村会、２００９年３月
7　藤山浩『田園回帰１％戦略：地元に人と仕事を取り戻す』農山漁村文化協会、２０１５年６月

▼「活躍人口」の拡大

第三は「活躍人口」の拡大である。いくら多くの人口がいても、ただ居るだけで、地域のことに無関心であったり、頑張ろうとしている人の邪魔をしたり、足を引っ張ったり、「そんなことは聞いていない」と建前だけを主張する人が多くいるのでは、まちづくりは進まない。

物事の異変に気付いた人、新しい将来を模索する人、可能性を見出して地域に参入した人など、まちづくりを担い、地域を支えようと頑張る人、つまり「活躍人口」をいかに拡大するかが重要である。まちづくりを担うのは、「よそ者」、「若者」、「バカ者」と標語のように言われるが、それらの人たちだけではまちづくりは続きにくい。地域に根づき、持続するまちづくりを展開するためには、よそ者だけでなく「地者」、若者だけでなく、土地の事情や人間関係を熟知した年配者や得意技を持つ「曲（クセ）者」、知恵と決断力をもった「切れ者」が必要とされる。

第４講

若者がめざす地方、農山漁村

1　団塊の世代とそのジュニア

集落を担う団塊世代

秋田県旧阿仁町根子集落や山梨県小菅村もそうであるが、全国の農山漁村の集落、都市部の地域社会において、現在、その運営や活動の中心となっているのは、団塊世代の人たちが圧倒的に多い。彼らは現役時代の経験をフルに生かして、自治会やＮＰＯ、地域づくり組織等で中核的存在になっている。農山漁村においては、日常の農作業や季節ごとの行事、祭りなど、親から伝えられたことを受け継ぎ、これまで続いてきた集落をなんとか維持している。都市部においても、現役時代に培ったマネジメント能力や専門知識を活かして、自治会や管理組合などの運営を担っている。

福島県喜多方市旧高郷村《たかさとむら》小土山《こつちやま》集落も、そんな山村集落の一つである。２０１２年から３年間、福島県の「大学生の力を活用した集落復興支援事業」に参加して、学生たちと頻繁に通った。21世帯、72人（２０１２年６月）で、75歳以上が25％、90歳代も４名という高齢化した山間部の集落である。集落から下の南斜面には、ゆるやかに棚田が広がり、そのずっと遠方には、磐梯山が望める気持ちのいい集落である。季節によっては、早朝、眼下の棚田を雲海が埋め、絶景が広がる。集落の公民館に泊り、村の行事へ参加し、耕作放棄地の草刈りや雪降ろしの手伝いをし、その後の懇親会への参加を重ねるうち、学生たちも住民とずいぶん打ち解ける関係となった。集落の区長や県庁、市役所職員の支援もあり、手分けをして、ほぼ全戸を訪問し、聞き取り調査もできた。

この集落でも、区長や副区長、区長経験者、主要な役職者は、例えば役場の元収入役とか職員、農協の元幹部といった団塊の世代前後の人たちである。彼らが集落行事の中心となり、高齢者を支え、地域をとりまとめ、県庁や市役所との交渉や近隣集落との調整などにあたっている。しかし小土山集落もそうだが、こうした集落活動の中心を担う団塊の世代も、いまや70代前半となってきた。２０２５年にはこの世代が75歳を超え、後期高齢者となる。これまでは地域社会や集落の主要な担い手で、地域の高齢者を支えてきたが、これからは家族や地域社会の手助けを必要とする、要支援者となってくる。集落の様子は大きく変化しようとしている。

団塊世代を支える団塊世代ジュニア

そうした団塊の世代を気遣って手助けをしているのが、子ども世代のいわゆる団塊世代ジュニアたちである。ほぼ40代前半となった彼らは、親と同居している人たちもいるが、多くが育ってきた地域社会や集落を出て、20キロ、30キロと離れた地方都市に、親とは別に居住しているケースが多い。親と同居していれば当然、親や集落の支援をしている。しかし少し離れた地方都市に居住する団塊世代ジュニアたちは、週末に集落に帰り、親たちを支援している。お盆や正月には、やや長期に親元に帰り、農作業や集落の行事にも参加している。小土山集落でも、学生たちとの懇親会に集まってきてくれる若い人たちのうち何人かは、約15キロ離れた喜多方市、25キロ離れた会津若松市に、現在は住んでいるという。そこで家庭をもち、市役所や消防署、民間企業に勤め、週末や夏休み、正月に小土山に帰り、親や集落の支援をし、行事に参加すると話していた。

全国的にも、団塊世代ジュニアたちは後期高齢者直前となる親たちをみて、悩みも深い。多くは家庭を持ち、子どもの学校や病院のことも考える。結婚相手の職場のことやその親の問題もある。生まれ育った集落へ帰り、親と地域社会を守り、そこから地方都市へ通うか、それとも親を自分たちの住む地方都市へ呼び寄せて、そこでの生活に踏み切るか、気持ちが大きく揺れている。

ここ数年で団塊世代ジュニアが、全国で一斉にこの問題に直面する。とくに山間部に点在する集落、地域社会がこの時期を迎え、もし団塊世代の親も含めて地方都市への移住が進むことがあれば、山間部の集落は雪崩を打つように無住化が進むことが予想される。これまでの集落の状況は前述したように、簡単には消滅しなかったが、この団塊世代ジュニアをめぐる状況は、これまでにない厳しい状況といえる。日本の山間部の集落がどうなるか、その命運がかかった時期が間近に迫っている。

団塊世代ジュニアの地方志向

他方で、この団塊世代ジュニアが社会人となる頃に、農山漁村や地方都市に関心を持つ人たちが多くあらわれてきた。このことは、これまでの若者になかった新しい傾向である。表4−1は内閣府の調査で、都市部に住む住民に「農山漁村地域への定住願望の有無」

を聞いたものである。２０１４年時点の30代、40代世代、すなわち団塊世代ジュニアは、10年前の２００５年の20代の頃も地方志向は高い。そして２０１４年調査時点でも、その志向は高いまま引き継いでいる。単なる地方指向の希望や意識だけでなく、実際に地方都市や農山漁村に移住し、そこでのＮＰＯや地域組織に参加し、活動を担っている。そうした実例は全国にみることができる。例えば岩手県遠野市のＮＰＯ法人遠野 山・里・暮らしネットワーク（菊池新一会長）、山梨県早川町のＮＰＯ法人日本上流文化圏研究所（大倉はるみ理事長）、新潟県上越市のＮＰＯ法人かみえちご山里ファン倶楽部などは、全国から注目される組織であるが、その活動の中核を団塊世代ジュニアが担っている。

表４−１　農山漁村への定住願望（都市住民対象）

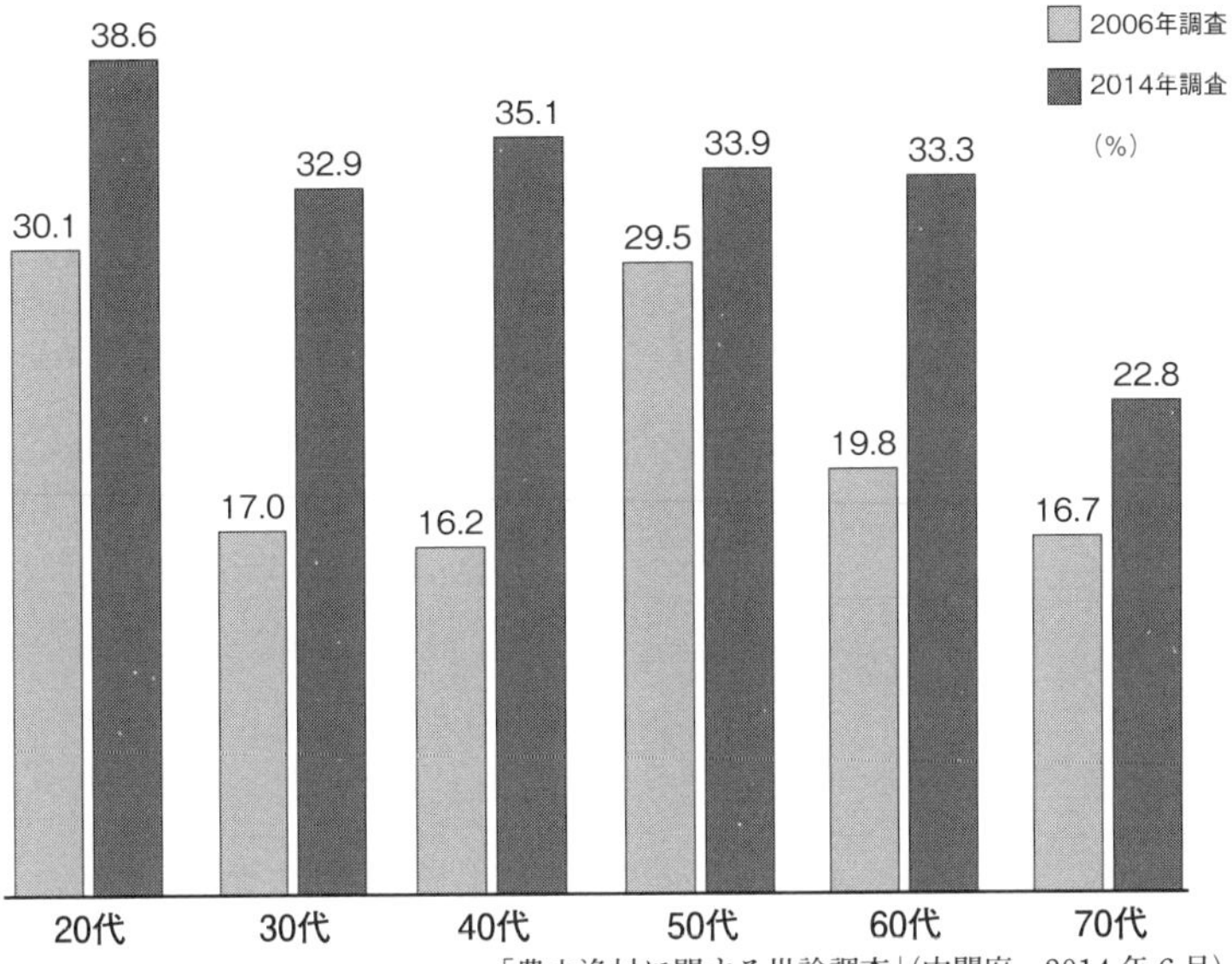

「農山漁村に関する世論調査」（内閣府　2014 年６月）

それらの組織では、地元自治体や集落のまちづくり支援、新しいグリーンツーリズムの構築や農泊の立ち上げ、小中学生たちの自然環境教育や農林業体験、大学生たちのインターンシップの受入れなど、多様な活動を展開している。それぞれの組織の中核を担う人材の多くが、大学院卒など高い学歴や社会人経験を有し、専門性をもちつつ、地域に根付いて活動をしている。彼らの姿をみて「こういう生き方や暮らし方があるんだ」と勇気づけられた、若い世代が多いことも確かである。

団塊世代ジュニアがなぜこのような地方志向をもち始めたのか。そこには第２講で述べたように、地域への関心が社会的に高まったことや、自然環境への配慮、脱大都市生活、脱大組織など、高度成長期以降の既存のライフスタイルの再考なども大きな要因となったと考えられる。また大学生時代のインターンシップ等による、農山漁村との触れ合いや交流の経験が、直接的な経緯となっている場合も多い。

またこの世代を巡る状況については、労働環境や家族形態の変化が進み、これまでの世代が前提としてきた標準的なライフコースが揺らいできた。そのなかで、若者層を中心に多様な生き方を求める時代となり、自らのライフコースを作り出す場として農山漁村を志向する若者が増えた、という指摘もある。[1]

1　坂本誠「自律と支え合いによる農村の再生」（神野直彦他編『分かち合い社会の構想』岩波書店、２０１７年）

2　若者がめざす地方、農山漁村

団塊世代ジュニアが先導した若者たち

団塊世代ジュニアの人たちがまだ大学に在籍していた頃、ひとつの事業が実施された。それは国土庁（２００１年に統合されて現在は国土交通省）と地域政策フォーラムとで、１９９６年から３年間実施された「地域づくりインターン事業」であった。

当時としては、地方へのＵＪＩターンが政策的な目的で、都市の若者に地方の生活を体験して貰うという趣旨のもと、宮口侗廸研究室（早稲田大学）、後藤春彦研究室（早稲田大学）、木下勇研究室（千葉大学）等の首都圏の大学と、受入れ先として北海道ニセコ町、山形県小国町、山梨県早川町、小菅村、愛知県豊根村、熊本県小国町、大分県湯布院町（当時）他の協力を得て、首都圏の学生を農山漁村にインターン生として、２、３週間派遣する試みであった。毎年、約30名の学生たちが現場に赴き、市町村職員はもとより、農家の人たちや地域の高齢者と直接ふれあい、体験を積むことができた。

その後、このインターン事業を経験した学生たちが中心となって、事業の趣旨を受け継ぎ、独自の仕組みができた。これが２００１年に結成された「地域づくりインターンの会」である。会の中心となったのは、現在ではそれぞれ地域政策等の論客となっている図司直也氏（法政大学）、鞍打大輔氏（山梨県早川町）、佐久間康富氏（和歌山大学）、嵩和雄氏（ふるさと回帰支援センター）等々である。彼らはインターンで経験した現場体験の重要性を若い世代に受け継ごうと、それまで連携してきた市町村の協力を得て、独自で仕組みを作り、若い世代の学びと活動を支援した。彼らのなかには、その後、山梨県早川町に移住し、同町の日本上流文化圏研究所を担った鞍打氏や、熊本県小国町に移住し、学びやの里の活動に参加した嵩氏のように、それぞれの移住先で、大学生たちを受け入れてくれた人たちが多かった。

　インターンシップの支援や受け入れた学生たちを活用した地元のまちづくりの展開、若い学生たちの卒論指導など、積極的に若者たちの指導にあたった。また多様な大学や学部を横断的に受け入れ、それぞれの地域で学生たちの交流の場をつくり、若い人たちの人格形成にも大きな影響を与えた。インターンの会自体は現在も学生中心で活発に活動している。こうした経緯を見ると、団塊世代ジュニアが若い世代の農山漁村志向を様々な形で支援し、先導したといえる。[2]

若者の地方志向

　このように団塊世代ジュニアをひとつの波頭《なみがしら》とした若者層の地方、農山漁村への関心は高まっている。都市部の住民（20歳～64歳）を対象とした、農山漁村への移住の意向を聞いた調査によると、「農山漁村に移住する予定がある」「いずれは農山漁村に移住したいと思う」「条件があえば農山漁村に移住してみてもよい」を合わせた回答は、全年代では30・6％であるが、20代では37・9％

2　宮口侗廸他編『若者と地域をつくる』原書房、２０１０年で最も高く、30代でも36・3%の高い意向を示している。とくに20代の男性だけをみると43・8%にもなる。20代男性の2・5人に1人は、農山漁村への移住希望を持っているということになる（表4―2）（総務省「田園回帰に関する調査研究」2017年3月）。

かつて農山漁村への移住を考えていたのは、定年を控えた50代、60代の人たちであった。高度成長期末期の1970年代から1980年代初めにかけて、大都市の過密、公害問題等を避けて、首都圏周辺の山梨県、長野県、群馬県等の農山村部へ移住したり、ペンション経営などに取り組んだ人も多かった。定年後は故郷へ帰ろうといった願望もあった。

これに代わって、現在、農山漁村や地方都

表4－2　都市部住民の意識調査

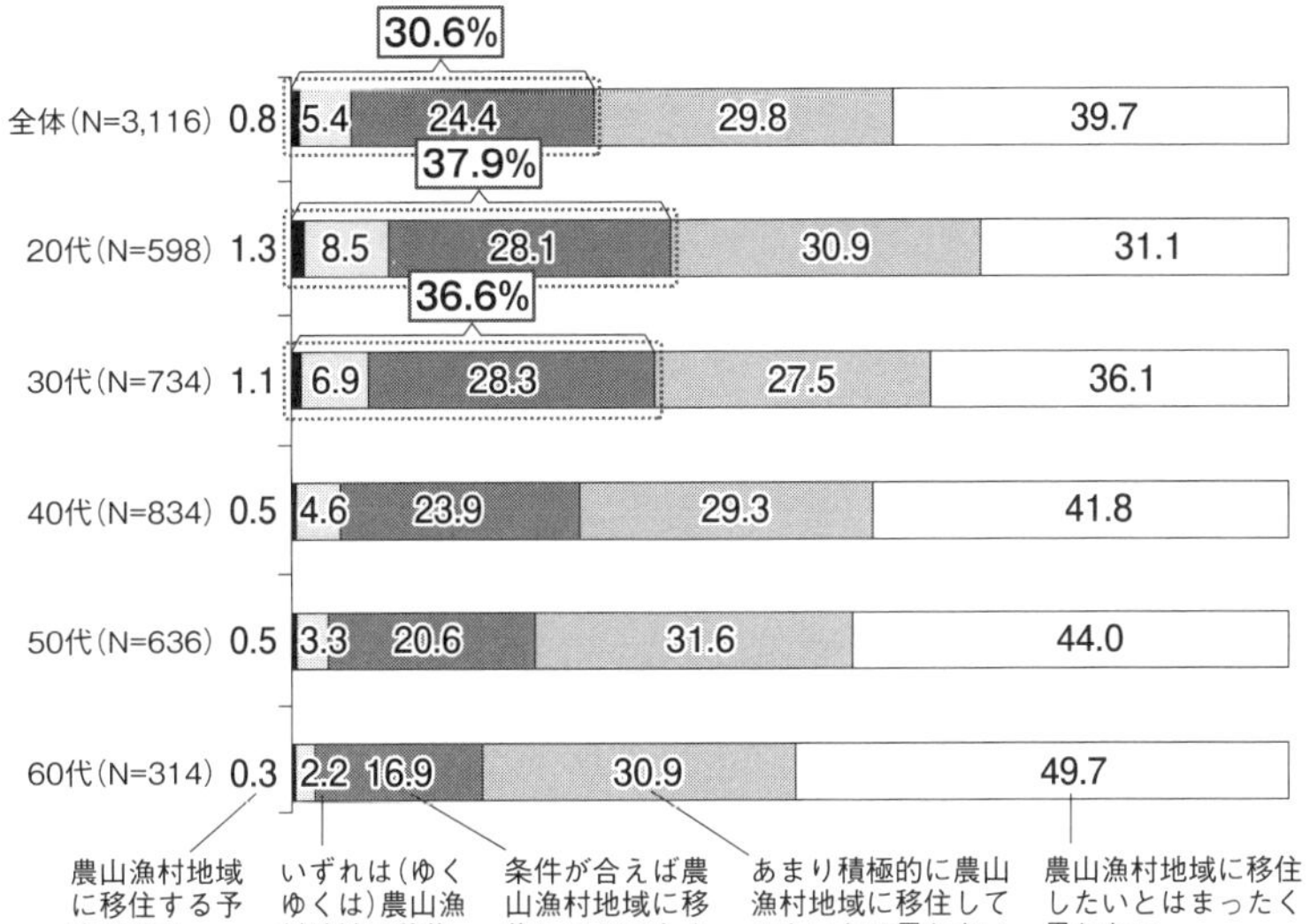

総務省「田園回帰に関する調査研究」（2017年3月、都市部20～64歳 3,116人対象）

市への移住、定住は、若い年代の関心事となってきた。都道府県や市町村による移住相談、居住支援、就業支援など、移住、定住への政策的枠組みも整ってきた。そうしたことが移住の切っ掛けとなっている場合も多い。

条件不利地域への移住者の転入の切っ掛けを調査でみると、30代、40代の子供連れの夫婦が、「新しいライフスタイルを求めて」地方移住をしているケースが多いことが報告されている（「過疎地域等条件不利地域における集落の現況把握調査」国土交通省、2016年9月）。自らの価値観や生き方にそって、具体的な行動に移していこうとする、若い世代が多くあらわれてきたことは、まちづくりにとってこれまでになかった大きな状況変化だといえる。

表4－3　移住者調査

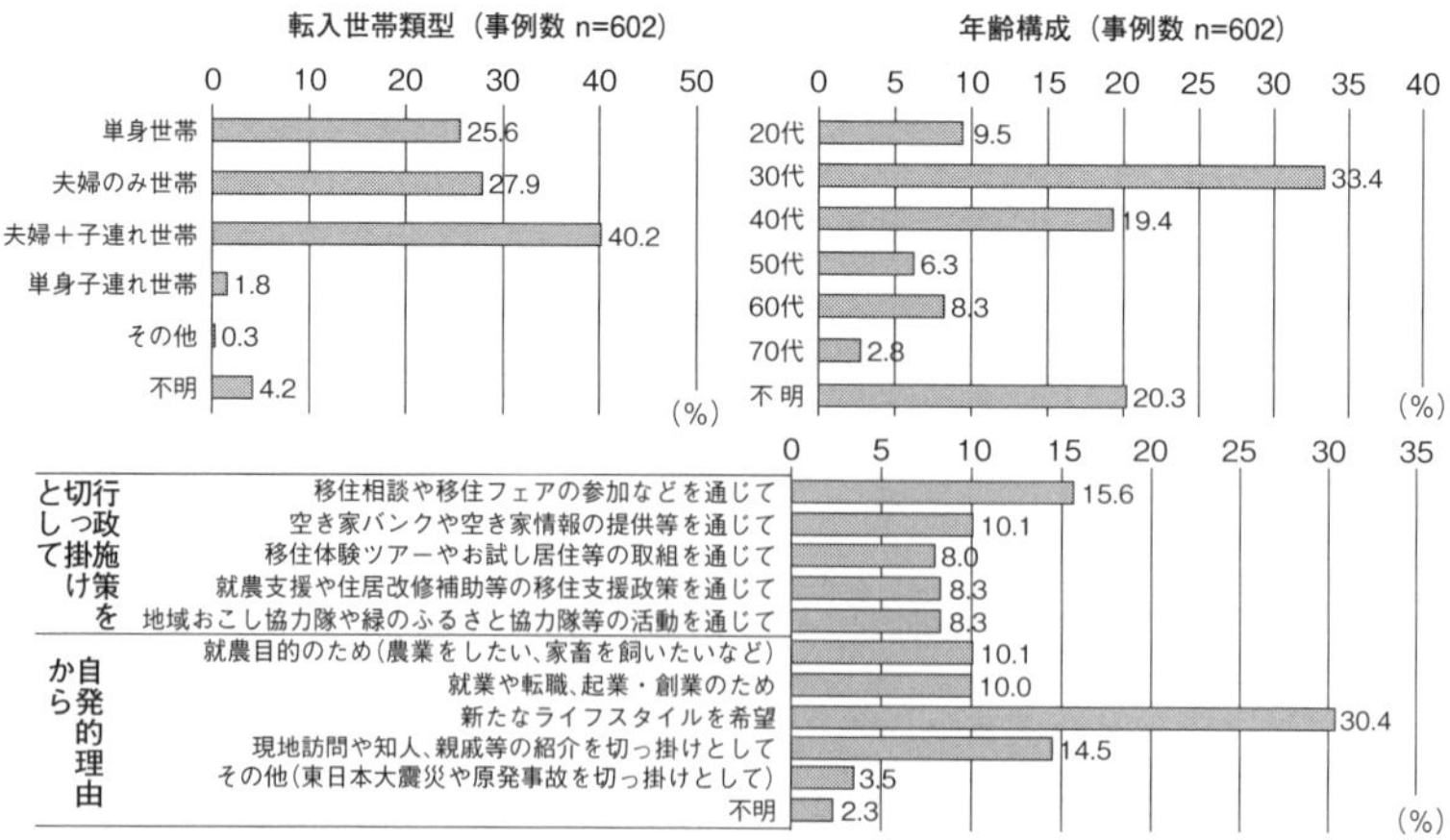

「過疎地域等条件不利地域における集落の現況把握調査」（2016年9月 国土交通省）

地方志向と新しい価値観

加えて現代の若者の価値観も影響している。団塊世代ジュニア以来、現代の若者は、物質的には豊かだが、人間関係や社会的な緊張感の高まる時代に生きてきた。そのなかでは、多くのものを手元に所有し、そのことを周囲から認めて貰うという欲求よりは、自分の存在自体を周囲から認めてもらいたいとか、困っている人や社会の役に立ちたいといった欲求のほうが強い感覚ではないか。経済的な豊かさも重要だが、どちらかといえば自己実現の道を選びたいという欲望が高い。所有欲よりも存在欲が勝るといった価値観を持っているといえる。

こうした価値観をもつ若者たちは、大都市や巨大組織の一部分として存在することでは、なかなか満足感をもちにくい。それよりも、自分を取り巻く暮らし全体が見渡せる場においてこそ、存在感が得られるのではないか。その意味では、地域社会の中で自らの存在が認められ、評価される活動ができ、自己実現に近づける地方都市や農山漁村を実際の暮らしの場として選択しているのであろう。

１９９５年1月の阪神・淡路大震災や２０１１年3月の東日本大震災をはじめ、国内で大規模な災害が多発している。これらの災害の現場は、こうした若者の新しい価値観とも呼応するところがあった。まずは災害で大きな痛手を受けた人たちの手助けをしたい、と多くの若者が現地に赴いた。地域の復旧復興にも多数の若者が参加した。その後も復興支援のため、現場に留まりまちづくりに取り組む若者も多い。こうした災害だけに限らず、冬季の除雪や高齢者支援など、若者がボランティア活動に積極的に関わっている。その背景にはこのような新しい価値観が存在しているのではないか。

地域おこし協力隊　総務省によって、２００９（平成21）年度に89人で始まった地域おこし協力隊は、10年が経過した２０１８年度には５５３０人（名称を統一した農水省の田舎で働き隊１７１人も合わせて）となった。ひとつの社会現象ともいえる。若者からすれば応募し易い、自治体にとっては募集もし易いという優れた制度設計で、多くの若者がこの制度の下、各地で活動している。現在では、募集してもなかなか応募者がない、といった自治体からの不満も聞く。しかし他方で、魅力的な地域やテーマには応募者が殺到することもある。任期を終了した協力隊員は、２０１７年３月末で２２３０人となっているが、終了後、同じ地域に定住している人は１４００人で63％に達している（「平成29年度地域おこし協力隊の定住状況等に関わる調査」総務省、２０１７年9月）。その定住率の高さは評価できる。

地域おこし協力隊の原型ともなった緑のふるさと協力隊（ＮＰＯ法人地球緑化センター主催）は、おもに大学生を対象としているが、１９９４年度～２０１９年度で７８６人が参加し、この経験をもとに地域おこし協力隊に参加している人も多い。これらに参加してきた若者の多くも同様の心情であろう。しかし彼らの新しい傾向は、協力隊やインターンシップで得た体験と、その後の定住経験、起業経験を活かして、より魅力的な地域、興味をひく仲間を求めて移動する人が出はじめていることである。つまり大都市から地方へという単線的な動きから、地方から地方へ、という錯綜した動きと同時に、フットルースで見方によっては、より自由に地域を移動する、これまでになかった状況が始まろうとしている。

こうした若者の動向は〝田園回帰〟といわれるが、実際には田園というよりはるかに厳しい山間部、離島へと活躍の場を求める若者も多い。このような地方への関心をもつ若者の心情や価値観を真摯に受け止め、彼らの能力や意欲をいかに地域の力にしていくかが、農山漁村やそこでのまちづくりを担う自治体職員や地域づくり組織には問われる。若者の農山漁村志向の機運が高まるこの機会を逃せば、農山漁村にとって地域再生の大切な好機を逸することにもなる。

北米、西ヨーロッパでも若者の地方志向

こうした若者の地方志向は日本だけではない。北米、西ヨーロッパなど、日本とほぼ同等の経済レベルの国や地域においても同様の動きがある。

１９９０年から２００１年にかけて実施された「国際山間過疎地域研究研修調査事業」（地域政策フォーラム、笹川平和財団共催）は、日本、米国オレゴン州、スイスとの連携事業であった。日本国内では山間部の過疎化が進むが、ほぼ同等の経済レベルであるオレゴン州やスイスでは、なぜ山間部で過疎化現象が起こらず、反対に地域によっては、山間部において人口が増えているのか、という問題意識から研修、研究交流を実施した。

事業の概要は、

①　国内の山間過疎地域の若手リーダーの国内研修とオレゴン州、スイスへの派遣
②　オレゴン州、スイスの研究者、実践者の日本招聘と交流
③　日本の研究者のオレゴン州、スイスへの派遣等

であり、10年間にわたって実施された（詳細は別表）。

その研究交流調査地の米国オレゴン州では、州中央部のカスケード山脈および周辺地域において、かつての森林伐採のための集落や地方都市が新しい姿に変容しつつあった。例えばオークリッジ市（１９９７年／３１４０人、２０１７年／３３００人）、ベンド市（１９９７年／３万２０００人、２０１７年／９万５０００人）など、もともとは製材業で栄えた町であったが、１９７０年代以降、製材業の大規模な集約化で衰退した。しかしその自然環境の豊かさや暮らし易さが見直され、観光業、ＩＴ関連、木材加工等の関連企業の新規立地により若者の移住が進んでいた。

同様にスイスでも多くの実例をみることができた。東部のグラウビュンデン州フリン Vrin は人口わずか３００人で、スイスアルプスの中央部、標高１８００メートルの急傾斜地の村であった。ここでは若い建築家がチューリッヒからＵターンして、ここを拠点に木材をふんだんに使った州内の学校や住宅の設計をしていた。またスイス国内にとどまらず、フランスやイタリアからの設計依頼も受け、慕ってきた数人の若い建築家と一緒に、仕事に励んでいた。仕事だけでなく、村の人たちとの演劇活動にも取り組むなど、大都市では味わえない自然豊かなライフスタイルを楽しんでいた。これらの詳細は事業報告書にまとめられている。[3]

３　『山間過疎地域の地域リーダー国際研修講座事業報告書』１９９１年～２０００年、山間過疎地域国際研究研修委員会・地域政策フォーラム・笹川平和財団また全国町村会で調査したイギリス、フランスにおける小規模町村の実態調査（２００８年９月）では、イギリス北部のカンブリア州湖水地方でも、若者移住者の活躍をみることができた。例えば「ピーターラビット」で有名な児童文学作家ビアトリクス・ポターが保存のために買い取ったユートリー・ファーム Yew Tree Farm は、映画「ミス・ポター」のロケ地にもなった著名な農場である。１６６３年築のファームハウスを現在Ｂ＆Ｂとして経営しているのは、ナショナルトラストのレンジャーの経験もあるというスコットランド出身の若い女性であった。羊を主体とした農場を夫が経営し、高級羊肉としてホテルやレストランに出荷し、羊肉を主体にした高級Ｂ＆Ｂの経営や通販などを手掛け、持続的な農業経営に取り組んでいた。[4]

別表　国際山間過疎地域研究研修調査事業概要（１９９０年～２００１年）

（1）プロジェクトの趣旨
・日本の山間過疎地域の地域再生
・同等経済レベルの国、地域との比較研究
・地域政策、研修方策の国際的検討

（2）プロジェクトの概要
・日本、米国オレゴン州、スイス連携事業
・過疎地域若手リーダーの人材育成：10名×10年（参加者：国内25地域より73名）

4　『海外地方行政調査報告書～フランス・イギリス』全国町村会、２００９年３月

・国内山間過疎地域研修（約1週間）とオレゴン州・スイス派遣（約2週間）
・研究者の国際交流

（3）研究代表、連携機関
・日本：大森彌氏（東京大学）、長尾眞文氏（笹川平和財団）、岡崎昌之
・米国：マイケル・ヒバード Michael Hibbard（オレゴン大学大学院計画公共政策研究科教授）
・スイス：ジョルグ・ヴィーデル Jörg Wyder（スイス山岳居住支援機構代表・SAB、スイス連邦工科大学農業経済研究所）
・国内連携大学：鳥取大学（岡田憲夫氏他）、山梨大学（花岡利幸氏他）、東北芸術工科大学（三田育雄氏、水島孝治氏他）、東京大学（山本泰氏他）

（4）国内研修開催地域
・鳥取県智頭町（1990～92年）
・山梨県早川町（1993～95年）
・山形県：西川町（1996年）、白鷹町（1997年）、小国町（1998年）

（5）シンポジウム開催地
北海道ニセコ町（1999年）、栃木県茂木町（2000年）、熊本県小国町（2001年）

（6）海外調査地域
米国オレゴン州、カリフォルニア州他、スイス、スペイン・バスク州他、フランス、カナダ、ポーランド他

（所属等は当時）

3　外部人材とまちづくり

若者を魅了する農山漁村　まちづくりには外の目が欠かせない。このことは第2講「地域の相対化」で述べた通りである。まちづくりのリーダーと目される人たちは、地域で育ちながら一旦そこから離れ、外の経験を積み、何らかの契機でまた地域に戻ってきた人たちが多い。また地域とは無関係に、外からのＩターン者としてまちづくりに貢献している人たちも数多くいる。これらの人材は、地域を客観的に見る目、相対化できる視点を持つことによって、地域の特色や個性を把握し、これまで見落とされてきた価値を見出し、新しい方向を提示してきた。それに加えて、地域外で培った専門家や他地域のリーダーたちとの連携が、新しい活動を展開していくことに役立っている点も見逃せない。

　リーダー自身の外部経験や外部からの参入に加えて、最近の動きは、地域側から外部人材の持つ有用性を求めようとする変化である。それと同時に、そのことに呼応する若い世代の動きが活発になってきたことである。これまで地域とは、縁もゆかりもなかった地域外の人たちが、自らの意志や価値観に基づいて、農山漁村のまちづくりに参画しようとする取り組みである。かつて地方移住が期待された団塊の世代に代わって、20代後半から30代半ばにかけての地域おこし協力隊員や地方に関心を持つ団塊世代ジュニアが、そうした志を持って農山漁村支援に携わってきている。都市部の団塊世代は地方出身者が多く、農山漁村での生活経験を持っていた。それに比して団塊世代ジュニアは、生まれた時から都市生活者で、大学でのインターンや実習、ゼミ活動等で農山漁村での生活に触れることによって、都市にはない新鮮な生活空間を見出した。

日本の自然の特質と農山漁村集落

そこには日本文化の源ともいえる伝統やしきたりが何とか残っている。また祭りや行事を遂行するための仕組みがある。食品の加工、家屋や田畑の維持、河川の管理等、永年に渡って集落の生活を支えてきた多様な技（スキル）が蓄積されている。濃密な人間関係や数百年以上続いてきた集落の歴史は、地元の若者からは疎んじられることもあるが、その歴史やそこでの生活は、都市部の若者にはかえって新鮮なものに映る。

浜から川へ、野良から邑（ムラ）へ、里山から深山（ミヤマ）へと繋がる農山村の自然は、集落の人たちが深く関わってきた自然そのものである。その自然には春夏秋冬の四季がある。急峻な山から海へと連続し、その間に山村、農村、小都市、河口部の大都市と多様な空間が連続することで微細な自然が展開している。雪も降り、高温多湿で生物性が高い。それにも増して、日本の農山漁村集落を取り巻く自然は、深く人々がかかわってきた自然であり、人文性に富んだ自然といえる。「後は野となれ山となれ」と無責任に放置された自然ではない。人間が関わり、丁寧に築き上げられてきた農山漁村の自然は、若い世代にとって大きな教育力さえ持っている。

高知県安芸市の山間部で、高知の地鶏土佐ジローの専門店と宿泊施設を経営し、集落の再生に取り組む小松圭子氏は、都内の大学を卒業し、故郷の県紙、愛媛新聞で記者として数年活躍したが、そこ辞して、縁があった安芸市山間部の小集落である畑山の養鶏家に嫁いだ。まさに外部人材である。

畑山は安芸市の市街地から山中へ約20キロ、県道の行き止まりで、40世帯、60人、平均年齢は70歳を超えるという厳しい集落である。夫の小松靖一氏は、畑山でながく土佐ジローを育成してきた。その鶏肉は絶品で、夫妻が経営する土佐ジロー専門店「はたやま夢楽」まで足を延ばす人も多い。高知県内はもちろん東京都内でも、小松氏が育成する鶏肉は、こだわりを持つシェフたちに高く評価されている。

その畑山について小松圭子氏は、「千年もの長きに渡り人が暮らし続けられた集落だからこそ、これからも人が暮らせる土地の力は備わっているはず」[5]と述べている。まさにそのとおりだ。現在では行き止まりの過疎地の小さい集落かもしれないが、人が暮らしをつないできた千年という土地への蓄積は、歴史や文化、暮らしの技など多くのものを内包している。その土地や集落、そこで暮らしてきた人たちから学ぶことは多い。

ともすれば分断され、一方的に与えられる都市の生活を送ってきた若者には、持続的に繰り広げられ、他者との協働のもとで、多くが自己完結できる農山漁村の生活空間は、より新鮮な魅力が内包されてい

5　小松圭子「限界集落・畑山に嫁いで」『町村週報』全国町村会、2012年8月20日号

る生活の場として受けとめられる部分が多い。

外部人材が担うまちづくり

これに気づいた外部人材が、地元のまちづくりに大きな役割を果たしている取り組みも多い。前項でもふれたが少し詳しく紹介しておきたい。

岩手県遠野市は２０１１年の東日本大震災で自らも被災しながら、甚大な津波被害を受けた三陸沿岸部の後方支援拠点として大きな役割を果たした。岩手県の防災課長も経験した本田敏秋市長は、この大災害を予見していたかのように２００８年に自衛隊や周辺市町村とも連携して、遠野市を拠点にして三陸沿岸被災地を後方支援する訓練「みちのくアラート２００８」を実施していた。東日本大震災はまさに訓練と同様のことが起こったわけである。

市とＮＰＯ遠野まごころネットを中心とした民間ＮＰＯが、役割分担をしながら沿岸部の支援にあたった。その中核の一つがＮＰＯ遠野　山・里・暮しネットワーク（遠野山里ネット）である。このＮＰＯは農家民泊やグリーンツーリズムを立ち上げ、東北ツーリズム大学等、遠野市内だけでなく東北一円の小規模雇用創出や起業支援を展開している。市役所を少し早めに退職した菊池新一氏を中心に、彼の人柄に魅かれた若いＵＩターン者が外部人材として活躍している。海外や東京で働いた経験を持つ人、大学院で専門性を高めた人など、多様な外部人材がまちづくりに力を発揮している。

山梨県早川町には１９９６（平成８）年から活動しているＮＰＯ日本上流文化圏研究所がある。日本には多くの河川が存在しているが、それぞれの河川の上流域には、地形の厳しさゆえ、多様な文化が存在している。過疎化する上流域に光を当て、農山村再生の道を模索しようと、閉校した中学校を再活用して、町が設立した研究所である。現在ではＮＰＯとして町から独立して、地域のまちづくり支援、住民のＨＰ作成、資源調査、学生インターンの受入れ、子どもキャンプ等、多様な活動をしている。

中心となって活動してきたのは、Ｉターンで早川町へ入った鞍打大輔氏で、都市計画分野の大学院を終了したまちづくりの専門家である。現在は研究所から少し離れて、同じ町内で地元の素材を活かしたレストランと宿泊施設の経営に個人で取り組んでいる。研究所では数人の若いＩターン者と地元住民が連携して、早川町の山中に点在する、古い歴史をもつ集落のそれぞれの来歴を、文字と写真で記録として残すなど、多様なまちづくりに関わっている。

新潟県上越市西部の桑取地区、中ノ俣地区といった山間部で活動するＮＰＯかみえちご山里ファン倶楽部もそのひとつといえる。地区の80代の高齢者に、かろうじて受け継がれている伝統民俗行事や伝統的郷土食などを、このままでは途絶えてしまうという危機感から、継承の支援、活字化やＤＶＤ等への記録、保存に力を入れている。それとともに、廃校となった小中学校を活用し、上越市内の子どもたちの環境教育を運営するなど、幅広い活動を展開している。これらを通じて地元集落の維持、再生に大きな役割を果たしてきた。ここでもこうした活動を担うスタッフの大半は、新潟県外から移住してきた外部人材で構成されている。

外部人材を媒介する地元人材

外部人材を中心としたこれらの組織の活動の特質は、団塊世代ジュニアが多いことである。またこの世代の背中をみつつ、地域での活動に参入してきたもう少し若い世代も多い。彼らはいずれも高学歴で、海外生活経験、企業経験もありと、専門性を有している人材が多い。こうした外部人材が地域や集落で持続的に活動をおこなうためには、地元で彼らを受け入れる地元人材や自治体職員の果たす役割が大きい。外部人材が地元から信頼を得ることに加えて、地域の事情を熟知し、地域の人たちからも信認の厚い地元人材が、後見人的に彼らと地域の活動現場との間を繋いでいくことが、特に初期段階においては不可欠なことである。その地域に身を置いて頑張ろうとする定住型地域外専門家と、地元出身で地元からも信認の厚い地付き型地域内人材の有機的な結合が重要である。それに加えて地元自治体職員の支援のもとで、持続的なまちづくりの展開が可能になってくるといえる。

急速に拡大した地域おこし協力隊等の外部人材受け入れに関しては、とくに受入れ自治体職員の果たす役割や支援体制整備が重要である。初めての土地に来て、集落の歴史や現状を理解するには、自治体職員や地元人材からの地域に関する知識や情報と、それを外部人材に噛み砕いて伝える彼らの「翻訳能力」が欠かせない。外部人材のこれまでの生活背景を理解しつつ、地域の特性、そこに住む人たちの気持ちや誇り、生業《なりわい》や文化などを、外部人材に分かり易く翻訳して、正確に詳細に伝える必要がある。

そのためには自治体職員の地域把握力が問われる。地域の真の状況は、庁舎の中にいるだけでは把握できない。地域の歴史や経緯、地理や植生、行事や生活、経済状況等を認識し、普段から現場に出て、多様な機会に地域住民と密接に交流しておくことが重要である。感性を磨き、それをフルに働かせ、熱意を持って、地域の将来をともに模索しようとする、真摯な姿勢が不可欠である。それにより地域住民の信頼を得て、確実な情報と状況を把握し、そのうえではじめて地域の実情を、外部人材に伝えることができる。外部人材もそうした正確な地域の把握なくして、活動成果はあがらない。

もう一点は、地域のまちづくり目標を明確に示すことである。外部人材とも意見交換をしつつ、集落の課題を共有化し、自治体としての施策や将来計画をも勘案しながら、外部人材に意向を伝えなければならない。外部人材任せにはできない。農山村でまちづくりに参加しようとする多くの外部人材は、真面目で真摯である。何とか地域に貢献したいと考えている。高い所得を得て、多くを所有するよりも、地域の役に立ちたい、そのことを通じて自分自身の存在を、周囲に認めて貰いたいと願っている。そうした若者の活動を、単なる安い労働力として扱うのはもっての外である。双方に大きな誤解を生み、外部人材の孤立化を招くことになる。

展開のための課題

ただ現状では、制度や仕組み自体にも多くの課題がある。ひとつはまちづくりに参画しようとする外部人材側の問題である。まちづくりに関わるには様々な知識を必要とする。単なる自分自身の見つめ直しといったことでは、受入れ側の負担になるだけで存在価値はない。自己の専門性をきちんと持ち、地域と関わる覚悟が必要である。そのためには外部人材に対する事前研修の充実、プロとしての意識の醸成、地域から学ぶ真摯な姿勢などが不可欠である。今後は、まちづくりや地域政策などに関する教育体制の整備や、カリキュラム体系の構築などに早急な検討が必要であろう。それも、高等学校、大学、大学院等を俯瞰した長期の体系を構築することが肝要である。

現在、高等学校においては高校魅力化の動きに伴い、地域と連携した学習カリキュラムや活動が実施され、注目を浴びている。また大学に関しては、全国的にまちづくり系、地域政策系、観光系、地域福祉系といった学部、学科、大学院の創設が進んでいる。学部、学科創設に至る経緯が様々なので、その内容やカリキュラムは多様であるが、将来的には、一定程度の統一性を築くことを検討しなければならない。そうした教育課程を経た人材が、地元人材、外部人材としてまちづくりの現場で活躍する時代が近いことを期待したい。制度や仕組みを改善し、関わる人材の資質を高めることによって、定住し地域を支える人材が、日本の農山村に溢れることが期待できる。学生等の若い外部人材も、地域と関わった経験が、一定のキャリアとして社会から評価されるようになることは間違いない。

第5講

地域課題解決型まちづくり

1　地域社会における課題の変化

社会資本整備から地域課題解決へ　まちづくりとして取り組まれる内容が大きく変わってきた。大まかにいえば、よく言われるように、ハードからソフトへということだろう。例えば条件不利地域の地域再生に関する法律のうち、典型的なものは過疎対策法であるが、その目的がどう変わったかは、まちづくりとして取り組む内容の変化をよく表している。１９６７（昭和42）年、政府の「経済社会発展計画」で、大都市の過密問題と農山漁村における人口流出の深刻さが取り上げられ、「地域によっては地域社会の基礎的生活条件の確保にも支障をきたすような、いわゆる過疎現象が問題となろう」と、政府として初めて「過疎」という言葉が、公的文書で使用された。

この問題に対処するため、１９７０（昭和45）年に議員立法により、10年間の時限立法として「過疎地域対策緊急措置法」が制定された。この法律はその後、時代に合わせて10年ごとに、継続的に新法が制定されてきた。それらの第一条には過疎地域における地域振興の目的が述べてある。

50年前の第一次の過疎法「過疎地域対策緊急措置法」では、「生活環境、産業基盤等の整備に関する総合的かつ計画的な対策を実施するため、（中略）地域社会の基盤を強化し、住民福祉の向上と地域格差の是正に寄与する」ことを目的としている。しかし50年経過した現行の「過疎地域自立促進特別措置法」の第一条では、「地域の自立促進を図り、もって住民福祉の向上、雇用の増大、地域格差の是正及び美しく風格ある国土の形成に寄与する」ことが目的とされている。当初の「生活環境、産業、地域社会の基盤整備」から「地域の自立、雇用増大、美しく風格ある国土の形成」へ、つまり社会資本整備や施設整備から、風格ある国土形成へと大きく変化している。このように、過疎法ひとつとってみても、その変化がよくわかる。

昨今多発する自然災害などに対処するためには、国土基盤の整備や施設整備を軽んじることはできない。しかし国土の約5割を占める過疎地域においては、社会資本整備だけでは、過疎化は止まらないことが明白になってきた。これまでに整備された社会資本を活用して、子どもや高齢者の移動手段の確保、外部人材の移住支援、空き家の活用、景観整備といった、住民生活により密着したまちづくりを進めることが重要になってきた。

そのうえで、過疎地域が果たしている公益的機能の重視や、ソフト事業の拡充を図りつつ、自立的地域社会の構築、地域産業や地域文化の振興を進め、そのうえで自らの地域社会や集落に対する自信や誇りを高めることこそが、過疎地域の再生のためには必要なこととなってきた。

課題解決型まちづくり　それは過疎化、高齢化、人口減少が進むなかで、地域社会の現場が抱える課題自体が変化してきたことを示している。かつては道路等の基盤整備、それを活用した企業や工場誘致で雇用の場をつくることなどが、まちづくりの大きな目的であった。しかし主要な社会基盤はほぼ整い、企業や工場は労働力の安い海外へ向かうようになった。

一方で、われわれの暮らしの足元には、生活に密着して多発している課題が多く存在する。表面的には穏やかな日常が流れる集落や地域社会ではあるが、目を凝らしてその実態を見つめると、多くの課題が横たわっていることがわかる。寝たきりや認知症などのお年寄りを抱えた家庭では福祉、医療の問題、若い世代では子育てやいじめ、ひきこもりなど教育や人間関係の問題、若者の雇用問題、空き家や火災など防災や安全の問題等、沢山の課題が地域社会には山積している。しかもそれらの課題の多くが、生活の身近なところに存在し、今すぐにでも解決が望まれる緊急の課題となっている。

▼秋田県藤里町　～福祉でまちづくり[1]

秋田県藤里町は、世界自然遺産のブナの原生林が広がる白神山地の南麓に位置する。鉄道、国道、コンビニはないが、ブナ林に育まれた豊かな水、鮎、まいたけ、りんどうなど、土地の恵みは多い。この藤里町の社会福祉協議会の活動は、かねてから高く評価されている。

1　藤里町社会福祉協議会、菊池まゆみ会長他へのヒアリング（2016年12月9日）、及び『生活困難者（ひきこもり等）の力を地域づくりに活かすシステムづくりの効果的な手法の開発事業報告書』藤里町社会福祉協議会、2015年3月若者支援として始まった就労支援事業は、進めるうちに町内に多くのひきこもり者がいることが判明した。その解決こそ社会福祉協議会が取り組むべき緊急の課題であることが分かった。しかし民生委員が各家庭を訪問しても、ひきこもり者の把握は難しい。そこで各年代の中学校や高校の同窓会幹事などからも声を掛けて貰った。そうした地道な活動で、実態把握に努めた結果、２０１０年のひきこもり者等、訪問対象者は、10代から50代に及び、全体で１１３人いることが分かった。

全国的には、ひきこもりに関する調査はこれまで15歳から39歳の年代でおこなわれていた。しかしひきこもりの長期化と詳細な実態把握のため、２０１８年にはじめて40歳から64歳に対する調査が実施された。その結果、広義、狭義のひきこもりとも、40歳から64歳の年代のほうが多いことが判明し、広義のひきこもり者は61万人と推定されている。[2]

藤里町社会福祉協議会では、町内に福祉の活動拠点「こみっと」と小規模な食事処を開設し、ひきこもりの人たちに簡単な調理、配膳などの業務に就いて貰うことにした。それを切っ掛けに、家から地域社会に出る機会を提供する趣旨である。藤里名産のまいたけを使ったキッシュ製造は、町民も出かける際のお土産として購入するなど好評で、６００万円を超える売り上げとなった。

こうした経験を積んだひきこもり者を「こみっとバンク」に登録して貰い、町内のりんどうやまいたけ栽培農家の繁忙期の手伝い、建設会社への派遣など、中間的就労の機会とした。なかには正式に就職

2 『生活状況に関する調査報告書』内閣府、２０１９年３月

へと繋がる人もでるようになり、２０１４年のひきこもり者は25人と減ってきた。だが社会福祉協議会からの支援情報提供対象者は依然として町内で１６０人を超えているという。

　藤里町では多くのひきこもり者の存在が明らかとなったが、それは社会福祉協議会が真摯に地域社会や集落また各戸と向き合った結果である。そのことで実態の把握ができ、ひきこもりの状況から地域社会への参加、そして就労へと繋がる具体的な取り組みとなった。今後は、町内に仕事をつくり、若者の暮らし易いまちづくりと、それを支援する人材づくりなど、町民すべてが生涯現役を目指すまちづくりの展開へ進もうとしている。まさに〝福祉のまちづくり〟から、福祉で地域を元気にする〝福祉でまちづくり〟の実践となっている。

　ひきこもり者を抱えた家庭の問題のように、われわれの生活の身近なところに存在し、今すぐにでも解決して貰いたいと、住民が切実に望んでいる課題は多い。しかし多くの場合、これらの課題を抱えた住民が、行政の窓口を直接訪ね、相談することは少なく、課題は地域社会の中に埋没し易い。藤里町のような取組みがなければ、課題の把握、発掘すら難しい。そうしたなかで自治体職員や自治会、まちづくり団体関係者等は、困難を抱えた人たちに寄り添い、随時、横断的な連携をもって課題を把握し、その解決に取り組まなくてはならない。

将来社会形成型まちづくり

地域社会の課題に対応するもう一つのまちづくりは、将来に向けて魅力ある地域社会を形成するために、今何をすべきか、という視点のまちづくりといえる。交流人口の拡大、地域間交流の活発化、地方に関心を持つ若者の受入れ、日本の地域文化に関心をもつ質の高いインバウンドの導入等、新しいまちづくりのテーマにどう対応していくのかが問われる。そのためには、美しいまちづくり、そこに住む人たちが誇りをもてるまちづくりに取り組む必要がある。

北東から南西へと、日本海と太平洋を分けるように大きく広がる日本列島は、３千キロをはるかに超える。北東端の択捉島と南西端の与那国島との距離は、ヨーロッパの地勢に置き換えれば、ポルトガルのリスボンからスウェーデンのストックホルムまでの距離を越える。調べてみるとリスボンとストックホルムを結ぶ民間航空路があるが、その飛行距離は２９７０キロメートルで、ポルトガル、スペイン、ベルギー、オランダ、ドイツ、デンマーク、スウェーデンの８ヵ国の上空を通過する。それらの国々には多様な言語、宗教、文化が存在する。当然のことながら、日本列島の広大な地理的広がりは、そこに存在する集落や地域社会の多様性をおのずともたらす。

多様性に加えて、それらの集落は数百年、地域によっては千数百年を優に超える永い歴史性も有する。その歴史の中で美しく形成されてきたのが日本の農山漁村である。多くの動植物が息づく生物性の高さ、微細な生態系、明確な四季性、そして生活者が多様に関わってきた人文性の高さが、日本の自然の特徴である。その自然に囲まれて、多様な集落や農山漁村が存在してきた。

しかし高度経済成長期を契機に、集落とそれを取り巻く自然の関係は大きく変化した。里山の荒廃に典型的に見られるように、人々の生活が自然から乖離してしまったのである。例えば集落を取り巻く広大な自然やその周辺で栽培し、収穫し、それらを加工してきたのが、食をめぐる暮らしの基本的な仕組みであった。しかしそれらに要する時間を、地域外に出て収入を得る仕事に変え、その収入で量販店などから、大量、画一的に生産された食を調達することに変わっていった。言葉を変えれば、生活の外部化が大きく進んだといえる。

暮らしの周囲を取り囲んでいた人文性の高い身近な自然は徐々に崩壊し、里山の荒廃、竹藪の繁茂、耕作放棄地の拡大、空き家の増加等、地域社会を取り巻く環境は悪化した。このような地方や農山漁村の環境をいかに改善し、以前は良かったというたんなる〝昔がえり〟ではなく、その良さを現代に活かす試みに取り組まなければならない。そのためには、景観的にも優れた美しいまちや自然、そこで暮らす人たちの活力に溢れた生き様、互いの信頼関係、地域に対する確固とした誇りなどを地道に構築していく新しいまちづくりが必要である。その積み重ねにより、若者たちをも魅了する新しい地域へと繋がることになる。またそのような努力の蓄積が、一度は行ってみたい、出来れば住んでみたいといった、地域へのあこがれを呼び起こすこととなり、そのあこがれは地域ブランドの形成に繋がる。このことこそが持続的な地域間交流や、一過性でないツーリズムの基盤をなすことになる。

2　〝共〟を拡大するまちづくり

景観形成と〝共〟空間

▼遠野の景観が紡ぐ日本のふるさと

こうしたまちづくりを考えて、いつも思い出すのが、遠野市でのひとつの光景である。〝永遠の日本のふるさと遠野〟を標榜する同市は、東日本大震災では遠野自身が被災しながらも、沿岸部諸地域の後方支援基地として重要な役割を果たした。またグリーンツーリズムや健康福祉のまちづくり、〝で・くらす遠野〟による遠野ファンづくり、毎年冬に開催される市民の手づくり舞台〝遠野物語ファンタジー〟など、全国に先駆けたユニークな取り組みは、枚挙にいとまがない。

最近ではこういう遠野市をめざして全国からの移住者も多い。〝で・くらす遠野〟を利用して移住した人は、２００６年から２０１４年で61世帯、１２１人となっている（『遠野スタイル　創造・発展総合戦略　まち・ひと・しごと創生総合戦略』遠野市、２０１５年11月）。実際にはこの人数をはるかに超えるＵＩターン者がいることが予想される。

思い出すのは、市内綾織地区の県道沿いの光景である。よく手入れされた美しい花壇と生け垣が県道沿いに続く。そのうちの一軒が目に留まった。歩道に沿って手入れのゆき届いた生け垣と、花が咲き誇った花壇が目に入る。しかし注意深くこの庭と住居の位置関係をみると、このお宅の座敷からは、手入れされた花壇は見えない。そのお宅は、南部曲り家の面影を残したL字型の住宅で、南西の日当たりのいい部分は道路側に突き出して、かつて大切な家族の一員であった馬の小屋となっている。座敷はやや奥まって、馬小屋に直交して南面している。つまり座敷からは馬の小屋に遮られて花壇は見えない。座敷からは見えないけれども、立派に手入れされている。こうした花壇を整備した道沿いの家が、数軒にわたって続き〝永遠のふるさと遠野〟にふさわしい、美しい景観が形成されている。

岩手県遠野市綾織地区

家の前の歩道と車道部分は県道なので〝公〟空間である。生け垣、花壇、住居はまったくの〝私〟空間といえる。しかしこの家の住民は、こうした〝公〟と〝私〟の二分割で考えていないのではないか。自分たちの日常生活の場である座敷から花壇は見えないが、各地から遠野を訪れ、この道路を通行する人たちが、曲り家と花壇、後ろの里山をみて、ふるさとに帰ったように感じてくれることを願って、手入れしているに違いない。

居合わせた市職員に聞くと、花壇の整備に自治会を通して、若干の補助金が出ているという。つまりこの家の住民は、座敷の〝私〟空間で寛いでいるだけでなく、玄関を通って庭に出て、県道という世間、すなわち〝公〟から自らの曲り家、庭、生け垣を眺めているのではないか。つまりこの生け垣と花壇は、〝私〟が県道という〝公〟に対して、美しい景観づくりや安らぎという形で一歩踏みだし、〝公〟が若干の補助金、あるいは道路から眺める遠野の風景という形で、〝私〟に一歩踏み込んでいる、その一歩ずつが重なり合ったところに、〝共〟空間が生まれ、この〝共〟空間の連続が、全体として〝日本のふるさと遠野〟という、美しい景観形成につながっていると考えられる。

▼長野県小布施町

同様の試みは長野県小布施町《おぶせまち》のオープンガーデンの試みにも見てとれる。長野県北部に位置する小布施町は、葛飾北斎が晩年になって、江戸から何度も足を運んだ町である。小布施の豪商、高井鴻山《たかいこうざん》の庇護を受けて逗留し、岩松院本堂の天井絵「鳳凰図」をはじめとして、町内には滞留中に描いた絵が沢山残っている。北斎が制作に関わり、波図や龍図を描いた豪華な祭屋台を中心に、北斎の作品を展示する町内の北斎館は、小布施のまちづくりの切っ掛けとなっている。

　小布施町のまちづくりは、保存とはひと味違う修景という手法をとってきた。例えば栗菓子で著名な小布施堂の中を縫う「栗の小径」は、もとのあぜ道の風情を残しながら、栗の木のタイルを敷き、昔からの土蔵や門をきれいに修復した気持ちの良い散歩道となっている。小布施堂の敷地内でありながら、訪れた人は誰でも散策できる。

　そうした試みが契機となって、オープンガーデンの発想も生まれた。市街地の民家の庭を、小布施町を訪れる人たちに「どうぞ我が家の庭も見て下さい」と開放するのである。〝私〟空間の庭が、外の

長野県小布施町「栗の小径」

小布施町　オープンガーデン看板

〝公〟空間に繋がり、〝共〟空間となっている。民家の庭はきれいに手入れされ、そこまで招き入れられたツーリストは、外来者として小布施町を垣間見るだけでなく、オープンガーデンをとおして生活の一端にもふれ、小布施町に対してより親密な印象をもって帰ることになり、それがリピーターにつながっていく。現在では市街地周辺の農家にもオープンガーデンは広がり、１３０軒がこれに賛同して庭を公開している。

▼島根県石見地方

日本の美しい集落を挙げるとすれば、まぎれもなくその一つは島根県西部の石見《いわみ》地方の山間部に点在する集落であろう。里山の麓に肩を寄せ合うように集落が形成され、その前に畑や田んぼが広がる。やや高台にお寺が位置し、民家や田んぼを見守っている。数百年を経たお寺の屋根は、赤味がかった茶色から黒ずんだ瓦がまだらに混じり、風雪に耐えた風情をかもし出している。民家はほぼ在来工法で建てられ、その屋根は一様に、落ち着いた茶色の瓦で揃えられている。屋根の色とその形態が統一されていることが、集落の落ち着きと美しさを際立たせている。山陰地方の湿り気を含んだ重い雪に対応するために、古くから使われてきた、石見地方特有の石州瓦《せきしゅうがわら》が、この景観を生み出すことに大きく貢献している。この集落の美しさの背景にも、好き勝手な色の瓦を使って、〝私〟だけを優先させるのではなく、周りと折り合いをつけた、〝共〟に配慮した暮らしのあり方が反映され、そのことが美しい景観へと繋がっている。

伝統的な〝共〟空間の再生
～新潟県旧高田市、旧塩沢町

　実はこの〝公〟〝共〟〝私〟の概念は、日本には古くからあった。例えば新潟県上越市の旧高田市に残る雁木や、南魚沼市の旧塩沢町で再生されている雁木がそれである。いずれも雪深いこれらの地域では、建物の一階部分の軒先から、道路にひさしを出して、冬季間の歩行空間を確保してきた。この雁木が掛かった歩道部分は、それぞれ歩道に面した住宅所有者の土地となっているのが普通である。つまり〝私〟が〝公〟に一歩踏み出すかたちで、歩行者用の空間を〝共〟空間として生み出しているのである。

　もっともその工夫は、長い冬季間にも客が店に来やすいようにという、商業上の必然性から発したものであるが、道路に面した各商家が、高さや意匠を揃えて、歩行者用のスペースを提供し、美しい空間となっている。高田ではこうした昔ながらの町の風情を現代に生かそうと、元気のいい商店街の女性たちが中心となって「城下町高田花ロード」の活動が1999年から続いている。雁木の空間を花で飾り、商店や住居の庭を開放するオープンガーデンにも取り組んでいる。

図5－1　公共私の模索

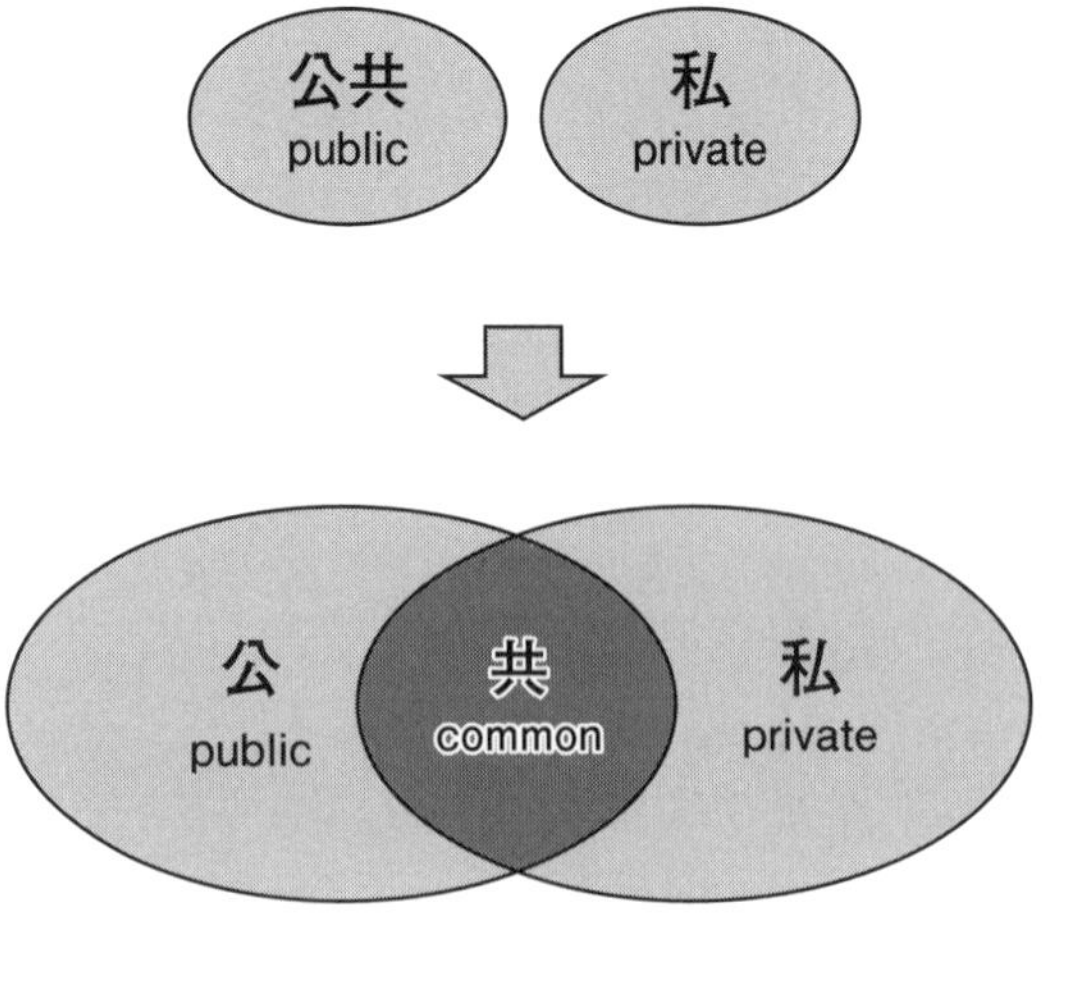

旧塩沢町の牧之《ぼくし》通りでも、雁木空間の斬新なリニューアルや、雁木の再生が評判となって増えた来街者を、今度は商店の中まで導入しようとする仕掛けづくりなど、ユニークなまちづくりがはじまっている。いずれもまちづくり元気塾（東北電力㈱）の支援事業である。

社会〝関係〟資本としての〝共〟　この〝共〟空間の概念は景観的なことだけではない。前述した秋田県藤里町の活動拠点「こみっと」と小規模な食事処の運営が、ひきこもり者の社会復帰に果たした役割を考えてみればわかる。社会福祉協議会自体は民間組織であるが、町や県とも密接な関係を持ちつつ活動を展開している。そうした立場の社協が運営している食事処「こみっと」は、民間の食堂経営者が営業ベースで経営しているレストランとは、おもむきを異にしている。生活困窮者を緩やかに受け入れ、かれらが蕎麦やお菓子づくりといった簡単な調理や配膳を担うなかで、徐々に地域の人たちとも触れあい、そして「こみっと

図５－２　「地域社会市場」の位置づけ

バンク」をつうじて、農家の手伝いなどの経験をつみ、一歩地域社会へ踏み出していく。その経験が就職などの社会参加へと繋がっている。

この藤里町での試みは、まったくの民間市場というわけでもなく、また公的セクターの政府市場でもない、言葉をかえれば、グローバルに展開する民間市場でも解決できない、かといって公的な政府市場でも対応が難しい、そうした課題の解決に、地域社会を基盤にした住民や生活に近いマーケットを形成し、向き合おうとしているのである。

地域社会やコミュニティが基盤となった、生活に結び付いた市場だからこそ機能する新しい〝共〟市場、つまりコミュニティ・マーケットとか地域社会市場とでも呼べるものが創出されたからこそ、生活困窮者の力をまちづくりにいかす〝福祉でまちづくり〟が可能になったのである。これも民あるいは私の市場と公の市場が、互いの良さを持ち寄って、一歩ずつ重なり合った〝共〟の市場といえる。このような〝共〟市場が多様に地域社会に存在することによって、他者への配慮、互いの信頼性、有機的連携といった社会関係資本の蓄積が進む。この社会関係資本こそ、これまでのハード中心の社会資本に変わって、これからのまちづくりにとって必要な新しい資本といえる。

3　まちづくりと担い手

このようにまちづくりの内実が大きく変化してきたとき、そのまちづくりの特徴はどこにあり、それを率いるリーダーはいかなる人材なのか、具体的なまちづくりに取り組み、成果をあげてきた人たちとその取り組みからまちづくりの新しい特徴をみてみよう。

まちづくりとリーダー

▼鹿児島県鹿屋市串良町柳谷　豊重哲郎氏

豊重哲郎氏は鹿児島県鹿屋市串良町の柳谷《やねだん》公民館の館長として、〝行政に頼らないまちづくり〟を標榜し、住民とともにまちづくりをリードしてきた。地元の高等学校を卒業後、上京し東京都民銀行で働き、Uターンして養鰻業などを経営した。柳谷地区の公民館長に就任したころ、地区では養豚、養鶏などの悪臭や環境悪化に悩まされていた。そこで鹿児島大学の研究者の協力を得て、土着菌を活用した堆肥を導入し、悩みを解決した。

一方で、その堆肥を販売したり、堆肥を使って遊休地でからいもを栽培し、それを原料として焼酎をつくって販売したりと、多様で活発なまちづくりを展開した。その活動で得た収益で、子どもたちの補習教育、健康づくりなど福祉の活動も実施し、公民館活動としては実に幅広いまちづくりを展開している。また２００７年からは、全国のまちづくりに携わる人たちを対象として、柳谷を舞台に地元住民も参画する「故郷創世塾」も開催している。

▼広島県安芸高田市川根　辻駒健二氏

辻駒健二氏は広島県安芸高田市、川根振興協議会の会長として、〝自分たちの地域は自分たちで守る〟を合言葉に多面的なまちづくりを展開している。大洪水による壊滅的な被害を受けた川根地区では、過疎化に拍車がかかり、将来への危機感から協議会が結成された。

協議会が呼びかけて、将来構想「川根夢ろまん宣言」を作成し、学校跡地の活用のために整備された交流宿泊施設「エコミュージアム川根」の経営をしたり、高齢者配食サービスの資金として、子どもからお年寄りまで全員参加の一人一日一円募金も続いている。地区外からも多くの人が集まる川根ほたるまつりも人気が高く、地元特産の柚子の加工と販売、協議会によるガソ

表５－１　３地区の概要

地　区	リーダー	戸　数	人　口
鹿児島県柳谷地区	豊重哲郎	126 戸	241 人
広島県川根地区	辻駒健二	206 戸	504 人
高知県大宮地区	竹葉　傳	122 戸	270 人

川根地区、大宮地区は国勢調査（2015 年 10 月）
柳谷地区は住民基本台帳人口（2019 年 5 月）

リンスタンドやふれあいマーケットの経営など、活動は幅広い。辻駒氏自身も川根を離れて、広島市での就業経験を持つ。

▼高知県四万十市西土佐村大宮　竹葉　傳氏

竹葉傳氏は高知県四万十市旧西土佐村の大宮地域振興協議会の会長で、高知県集落活動センター連絡協議会の副会長も務める。現役時代はＪＡで営農指導をしてきた。高齢化が進む大宮地区では、ＪＡが経営していたガソリンスタンドと併設のミニスーパーが廃止されようとした。そこで地区住民の８割が出資して㈱大宮産業を設立し、竹葉氏はその代表者もつとめ、それらの運営を引き継いだ。

ガソリンスタンドとミニスーパーは、高知県の山間部の集落に住む高齢者にとっては、重要なセーフティネットのひとつでもある。㈱大宮産業では灯油や日用品の宅配をするとともに、高齢者の見守りをおこなったり、評判のいい大宮米の地域外への販売にも力を入れている。また土曜夜市などのイベント開催や県内大学生との交流事業、竹林整備等、多彩なまちづくりを展開している。

この３例は全国的にも著名な取り組みであるが、いずれも社会的課題の解決を主眼にしたまちづくり、住民が誇りのもてるまちづくりといった新しい課題に取り組んでいる。この分野のまちづくりのモデル的存在ともいえる。それと同時に、まちづくりを担う中心的人物の卓越したリーダーシップが注目に値する。

これらの取り組みを検討すると、次のような共通する3点が浮かび上がる。この3点は、これからのまちづくりにとっても普遍的で示唆的な視点といえる。

①　テーマやヴィジョン、将来像が地区住民に共有されている。

②　適切な利潤動機を持っている。

③　新しいリーダーシップとフォロアーが存在している。

以下、3点を検討してみる。

テーマ、ヴィジョンの明確化

柳谷では悪臭の根絶、川根では災害からの復興、大宮ではガソリンスタンドやミニスーパーの経営継続等、いずれも住民生活に直接かかわる課題と同時に、すぐにでも解決しなければならない問題からまちづくりがスタートしている。当然ではあるが、このような地域の個別課題は、それ自体が単独で課題化しているわけではない。それ以外の課題と複雑に、有機的に関わっている。その課題群を解きほぐし、まず取り組むべき課題を明確にし、そのことによって住民の理解を得て、ともに解決に向けて進めようとしている。

それとともに、単一の課題を解決してまちづくりが終わるのではなく、地域の将来の方向、あるべき姿を明確にし、構成員と共有しようとする姿がそれぞれにうかがえる。柳谷公民館の入口には「やねだんから宇宙へ」と題された大きなパネルが掲げてある。川根地区では将来構想「川根夢ろまん宣言」が分かり易いパネルとなって「エコミュージアム川根」のホールに提示してある。大宮地区でも「地域振興総合プラン」が作成されている。いずれも地域の将来展望をともに描き、住民と共有し、常に目にふれ、再確認ができるように、という姿勢が明確である。

適切な利潤動機

まちづくりの切っ掛けは課題解決であるが、その経緯から生まれた産物を販売したり、まちづくり活動をたんなる無償のボランティア活動とせず、多額ではないが、高齢者や主婦にとって、生活するうえで、多少は足しになる稼ぎにつないでいる点も注目すべきであろう。これはまちづくりを持続するとともに、参加者に対しても継続的に関わって貰う意味で、見逃してはならない重要な姿勢である。

　少し単純化して考えてみれば、「地域内消費の拡大」、「地域内流入の最大化」そして「地域外流出の最少化」がすすめば、適切な利潤動機を設定することや、地域経済的には納得のいくまちづくりということになるであろう。とくに地元資源の活用という視点から「地域内消費の拡大」が検討され、地域産品の地域外への販売や訪問客の受け入れ、ふるさと納税の獲得など「地域内流入の最大化」が各地で取り組まれてきた。稼がなくてはまちづくりにはならないといった、いわば地域の収入対策に、より大きな関心が払われてきた。

　そのことももちろん大切であり、看過するわけにはいかない。しかしこの3地区をはじめとして、新しい課題に取り組もうとするまちづくりでは、これまでの収入対策だけでなく、ともすれば地域から外へ出てしまう「地域外流出の最少化」、すなわち支出対策にも関心が高まっている。

都道府県や大都市レベルでは、特定製品や個別部門での域際収支が、赤字か黒字かと問われても、生活実感として感じるところは少ない。石油代として幾ら県外に支払い、米代として幾ら県外から得ていると、数字を出されても、それは頭の中を通過する数字に過ぎない。しかしこれら3地域のような集落レベル、地区レベルでこのことを考察すると、地区での収入、支出はより明確になり、生活に密着した切実なものとなってくる。高齢化し、住民の年金が収入の大きな部分を占めるこれらの地区では、新たな収入を得ることも必要ではあるが、すくった水が指の間からこぼれるように、気が付けば、得た収入の多くが地域外へ流出していることに気づく。

例えばガソリンスタンドとミニスーパーの経営が軌道に乗り始めた高知県の大宮地区では、高齢化が進み毎年10名近くが亡くなる。以前は集落内で葬儀は行われていたが、現在では30、40キロ離れた旧中村市の中心市街地の施設で行われることが多い。そのことは年間1千万円から1千5百万円が、葬儀費用として地区外へ流出していることを意味する。年金が主たる収入となっている高齢化集落では、見過ごせない金額である。大宮地区では何とかこれを食い止めようと、少子化のために廃止された保育所を改装して、集落で葬儀ができるように取り組み始めている。葬儀の場所が30、40キロも離れていては、故人と同年配の高齢者は最後のお別れにも行けない。費用のこともあるが、そういった高齢者の切なさもその背景にはある。

新しいリーダーシップとフォロアーの存在

この３地区のリーダーに、地域を離れて県外での会合などでお会いすると、各々が強烈なリーダーシップを持っていることに気付く。しかしそれぞれの地域内での３人は、実に穏やかで、子どもからお年寄りまできめ細やかに対応している。また常に後継者への引継ぎの話題がでるのと同時に、地区内の多様な人材が活躍できる仕組みや場面づくりに気配りする姿勢が共通する。

〝俺の後について来い〟という強烈な牽引型リーダーシップではなく、どちらかといえばコーディネーター的存在である。それ故に地域内の人材や資源、価値を含めて、綿密な状況把握をしようと常に気配りをしているように見受けられる。また前職や現在の立場もあり、地区内だけでなく地域外の状況にも詳しく、全国的なネットワークとまちづくりに関連する専門的な知識を有していることも特徴である。そのことが自らの地域を客観的にみる視点となり、地域の特徴を最大限に活かし、専門的知識を必要とするまちづくりのリーダーとして、地域から厚い信任を得ていることに繋がる。

4　地域の危機を見抜く

地域と災害対応

日本列島は災害列島と化している。地震、津波、豪雨、台風と立て続けに大規模な災害が各地を襲い、多くの犠牲者が出ている。痛ましい限りである。早急に国土基盤の総点検が必要である。河川や山林の整備が従来の基準で十分なのか、抜本的な見直しが急務である。

　このことはまちづくりの視点からも指摘しておかなければならない。高度成長期以降の自然から乖離した生活のあり方が、土石流などの多くの災害をもたらした。例えば集落の周辺や里山では、大量の竹薮が放置され、繁茂している。竹林を放置すれば、年間7、8メートルも周囲に拡大するといわれる。里山の林を駆逐し、各地での土砂崩れ

図5－3　近隣住民により救出された人の割合

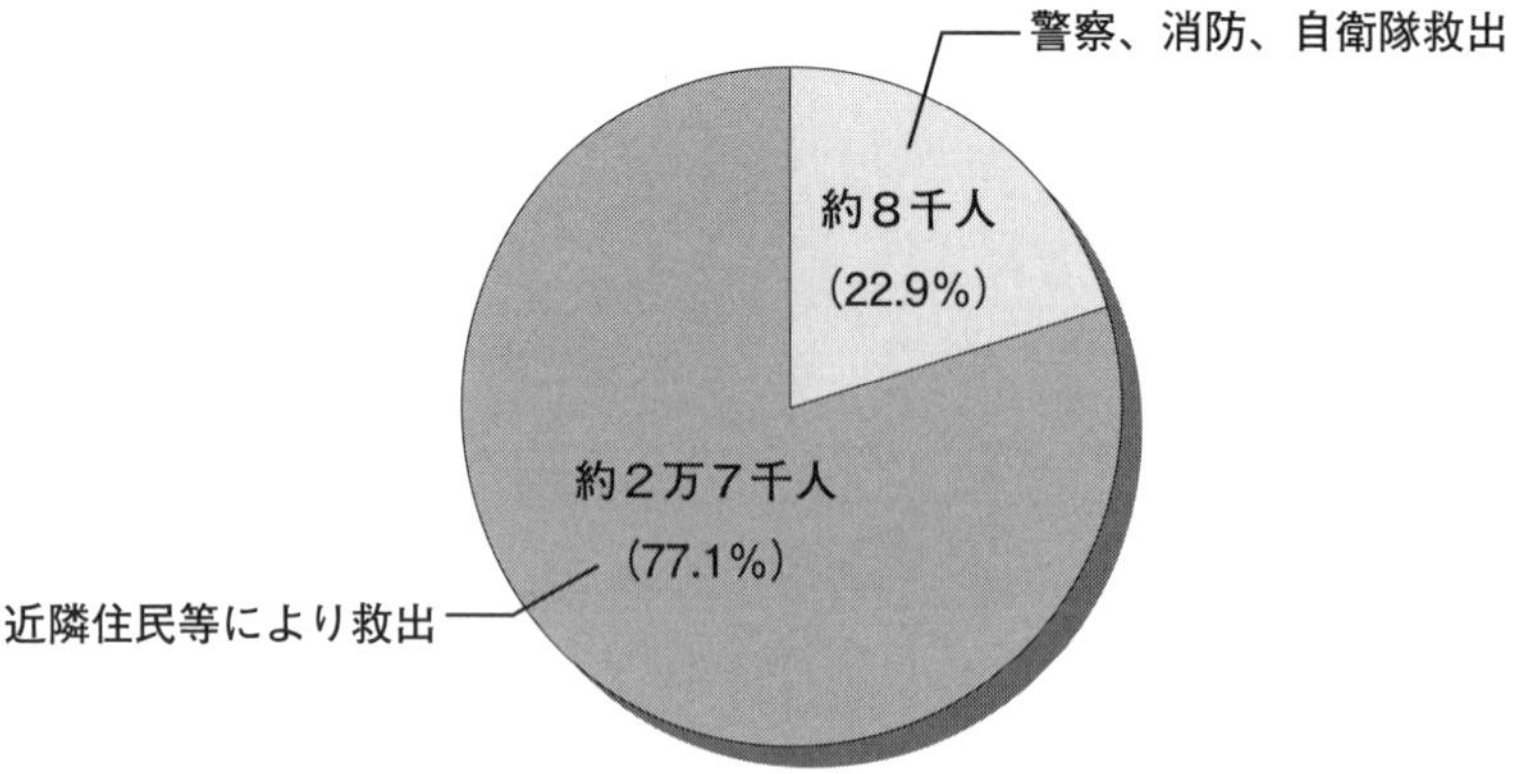

阪神・淡路大震災時の要救助者約3万5千人の救出方法（「国民生活白書」2007年）

の大きな原因となっている。[3] 適切な竹林の管理をはじめ、自然と向き合った暮らしを再構築することが早急に必要とされる。

もう一点は、集落や地域社会での災害対応の重要性である。『国民生活白書』（２００７年）によると、１９９５年の阪神・淡路大震災時の要救助者は3万5千人であったが、そのうち近隣住民により救出された人は2万7千人で、全体の77％にのぼる。もちろん警察、消防、自衛隊による救出活動も重要で、特筆される成果が多々あった。しかし災害発生直後の救出活動の初期対応は近隣住民にしかできない。発災時だけでなく避難所や仮設住宅等での生活など、災害後の対応を考えても、日頃からの集落や地域社会での信頼関係の構築など、災害対応の視点からも、まちづくりの重要性は非常に高い。

熊本地震とまちづくり　熊本県益城町は２０１６年4月の熊本地震で大きな被害を受けた。大変な被害ではあったが、地震発生直後からの避難所運営や、その後の仮設住宅での住民生活の様子は、これまでの避難所や仮設住宅とは異なった点が話題となった。それは被災者でもあり、益城中央小学校体育館に避難していた吉村静代氏の存在と活動に負うところが大きかった。[4]

吉村氏は１９９２（平成4）年に「益城まちおこし塾」を立ち上げ、秋津川の清掃など環境美化に力

3　日本森林学会「森林科学」№58、２０１０年2月

4　２０１８年10月19日、熊本県益城町、益城町テクノ仮設団地での吉村静代氏からのヒアリング、及び「「主役はわたしたち」地域防災を通じたコミュニティづくり～益城だいすきプロジェクト・きままに」『平成29年度地域づくり団体活動事例集　地域づくり団体による防災・減災・復興支援』地域活性化センター、２０１７年12月

を入れたまちづくりをすすめてきた。また阪神・淡路大震災を切っ掛けに、地元の退役自衛官などとも協力して「防災ボランティア益城」も立ち上げ、炊き出しや救急訓練などもおこなっていた。

以前から布田川断層の存在を気にしていた吉村氏は、熊本地震の発生時には「やはりきたか」との実感が強かったという。避難所の小学校体育館は避難住民で雑然としていたので、車いすで通行できる幅の通路を確保し、各自の周辺の整理と清掃や、できるだけ間仕切りを開放するように呼び掛けた。自分の場所だけに閉じこもってしまわず、皆が顔を合わせられるようにコミュニティ・スペースもつくった。そこでボランティアに勉強を教えて貰った子どもたちは、自分たちも役に立ちたいと、大人を誘って校庭でラジオ体操をしたという。一方的に支援して貰うだけの被災者ではなく、自立に向けて被災者も動く、これまでにない避難所運営であった。

また地震発生直後から支援に動いたのは、熊本県人吉市でひまわり亭を主宰する本田節氏たちであった。熊本県内のみならず、九州一円の地域づくり団体のメンバーに呼びかけ、多くの食材を調達し、すぐさま益城町での炊き出しに出向き、吉村氏たちを支援した。多くのメンバーが益城町をはじめ多数の被災地に出向いた。このことは災害時のためにも、普段からのまちづくり団体の横断的、有機的な連携と、とくに個人的なネットワーク形成が重要なことを明確に示している。

日常に潜む危機　地域に起こるのはこのような大災害だけではない。気付かなければ取り返しのつかない大きな転機を迎えてしまう、言いかえれば、日々蓄積する危機とでもいうべきものが存在する。地下深く、地殻変動のひずみが蓄積し、ある時突然、地震の発生につながるような危機の蓄積とも似ている。「あの時きちんと対応しておけば、こんなことにはならなかった」、「あの時取り組んだからこそ、今がある」といったことは地域にはよくある。地域の日常に蓄積する危機を察知し、いかに対応するか、これもまちづくり組織やまちづくりのリーダーに問われる重要な役割であり、資質である。

▼愛媛県内子町

愛媛県内子町の町並保存の取り組みをみると、日常に潜む危機の重要性がよく理解できる。内子町は町並保存の取り組みで著名であるが、詳細にまちづくりの経緯を辿ってみると、それだけにとどまらない。町並保存に続く山間部集落における村並保存も成果を挙げている。また村並の景観を守るための道路の法面《のりめん》緑化をはじめとした、エコロジータウンの取り組みも多様に展開している。農山村部の再生と農業者支援のためにはじめた知的農村塾は、「道の駅からり」の立ち上げと運営へとつながっている。また町並保存が切っ掛けで始まったドイツ・バイエルン州ローテンブルク市との交流は、本格的な姉妹都市提携へと進み、国際交流が続いている。東京都豊島区との地域間交流も、防災や産業振興支援など幅広い展開がみてとれる。そしてそれらの取り組みのなかに、用心深く日常に潜む危機への対応があったといえる。

なかでも象徴的なのは内子座の保存再生事業である。内子座は大正天皇の即位を記念して、1916（大正5）年に地元有志によって創建された。歌舞伎や人形芝居、演説会などに使用された地方劇場で、花道、回り舞台、すっぽん等を備えた、小規模ではあるが本格的な木造二階建ての劇場である。

戦後、歌舞伎上演等が廃れると、一階の枡席は取り外され、映画館となったこともあった。その後、商工会の所有となり、商工会事務所や倉庫等に改築され、商工会館と併せて映画、演芸場として使用された。しかし建物の老朽化とともに、商工会としても使い勝手が悪く、町にとって、内子座は持て余す存在となっていった。

1975（昭和50）年頃から始まった八日市・護国地区の町並保存運動は、徐々に関心を集め、観光客も増え始めた。町並保存地区に近い内子座は、取り壊し

表5－2　内子町まちづくり主要施策

1975（昭和50）年頃	八日市・護国地区で町並保存運動開始
1981（昭和56）年	NHK「新日本紀行・内子町」放映
1982（昭和57）年	重要伝統的建造物群保存地区指定（全国18番目）
1985（昭和60）年	内子座（大正5年創建）復元完成（費用　7千万円）
1985（昭和60）年頃	満穂地区で村並保存運動着手
1986（昭和61）年	内子シンポジウム'86「まち 暮らし 歴史」開催（内子座にて、ローテンブルク市長参加）
1986（昭和61）年	内子町知的農村塾開始
1987（昭和62）年	村並保存、「石畳を思う会」結成
1993（平成5）年	「内子町新総合計画・エコロジータウン内子」
1994（平成6）年	石畳の宿、オープン
1994（平成6）年	「国際水辺環境フォーラム '94」
1996（平成8）年	道の駅フレッシュパークからり、オープン
2000（平成12）年	村並保存地区 法面緑化の試み
2005（平成17）年	市町村合併（内子町、五十崎町、小田町）
2010（平成22）年	石畳地区「愛炭企業組合」設立
2001（平成13）年	ドイツ·バイエルン州 ローテンブルク市と友好都市盟約
2011（平成23）年	ローテンブルク市と姉妹都市提携
2011（平成23）年	東京都豊島区と地域間交流開始
2013（平成25）年	「町並み保存 内子シンポジウム」

内子町資料等より岡崎作成

て町並保存地区に来る観光客の駐車場にしたらどうかと、真面目に議論されたこともあった。[5]しかし1982（昭和57）年に重要伝統的建造物群保存地区の指定を受けたこともひとつの動機となって、同年、内子座は商工会から内子町へ寄贈され、町指定文化財として復元工事に取りかかることになった。1985年には工事が竣工し、町の文化センター、文化活動の拠点と位置付けられ、演劇、コンサート、シンポジウム等に活用されている。1995（平成7）年から始まった「内子座文楽」は、東京、大阪からも多くの文楽ファンを集める恒例の行事ともなっている。

　これが大まかな内子座を巡る経緯であるが、このなかに幾つかの地域の危機が内包されていた。最大の危機は1970年代後半の、取り壊しの危機である。取り壊して駐車場へというのは、多くの住民が実際に支持し

商工会時代の内子座（1975年頃、内子町提供）

5　森まゆみ・岡田文淑『反骨の公務員、町をみがく』亜紀書房、2014年

た案でもあった。また当時の情勢としては、古い木造の芝居小屋ではなく、折角なら〝近代的〟な文化会館を建設すべきだという住民からの要望も多かった。しかしそうではなく、町並保存地区と対応した内子座の活用こそが、内子町のアイデンティティ形成に資するものだという確固とした信念が、取り壊しの危機から内子座を守った。

　内子町の町並保存をリードしてきた元役場職員の岡田文淑氏や、彼を支えた若手役場職員や住民の、危機を見抜く力、感性、眼力が、内子座を町の重要な資源として残すと同時に、歴史的な価値だと位置付けたのである。内子町と松山大学の調査によると、内子町への来訪者の間では、内子座は町並保存地区や道の駅からりよりも認知度が高いという調査結果もある。[6]町にとっては欠かせない重要な財産となっている。

　地域における日常の危機は、物理的、表面的な危機だけではない。そこに住む人々の心の中に潜む危機もある。まちづくりを担う人材は、表面的に見えている地域の現状はもちろん、その内部で進行している様々な変化、そしてそこに住まう人々の心の内にまで思いを馳せなければならない。

6　内子座編集委員会『内子座　地域が支える町の劇場１００年』学芸出版社、２０１６年

第6講　対論

1　対論in内子　岡田文淑・岡﨑昌之

2　対論in豊中　中川幾郎・馬袋真紀・岡﨑昌之

3　対論in遠野　菊池新一・岡﨑昌之

1　対論 in 内子　岡田文淑・岡崎昌之

江戸時代後期から大正にかけて、当時の化学製品であった木蝋の生産で栄えた内子町の八日市・護国地区は、四国で最初の重要伝統的建造物群保存地区に指定された。指定に向けて、多くの住民を説得し、その後の多様なまちづくりへと導いたのが、自治体学会名誉会員でもある岡田文淑さんであった。自治体職員としての生き様は退職後も変わらない。

●町並保存の価値

岡崎　内子町といえば、まずは町並保存です。現在、内子町には高速道路のインターチェンジができ、松山からの特急列車も内子に停車します。もし町並保存が成功していなければ、高速道路も特急列車も素通りしていたと思います。それほど内子町にとって重要な取り組みでした。

　町並保存という事業が難しいのは、生身の人間が住んでいる住宅を、地区として面的に保存しなければならないからです。それぞれの家族には、その時点での暮らしがあり、息子に嫁が来るので使い勝手のいい家に建て替えたいと考えている家庭があるかもしれない。そういう個別の事情の中で保存するわけだから、反対者が出ることもある。油断すれば取り返しのつかないことがおき、時期を逸すれば違う方向へ行ってしまう。そういう日常の危機に敏感に気を遣いながら、一つ一つ対応しなければならない。しかもそれぞれの人の生活がかかっている。そういうのが町並保存事業の難しさだと思います。

　昭和52年1月に、松山市で「観光とまちづくり」というシンポジウムを開催し、そのあと大洲《おおず》市に立ち寄り、翌日に内子で初めて岡田さんとお会いしました。まず町並保存に取り組まれた経緯は？

岡田　振り返ると40数年前のことですね。当時、内子町でも人口減少が急速に進んでいました。人口1万5千人で、年間4、５００人減少していました。20年たったら1万人いなくなる、誰が自分たちの給料を払ってくれるのか。住民の皆さんが支払う税金がなくなると、町役場をたたまなくてはならない。そういう危機感が強かったのです。

　そこで住民が働ける場を作ろうと、観光に期待するまちづくりの模索が始まった。町の人の暮らしを支える施策で、私たち公務員はその手足になって働けばいいという意識がありました。ただ大森彌先生がいわれる、首長、議員は消耗品、自治体職員は備品というお話がありますが、備品には備品なりの役割があると思います。自分たちの給料をきちんと貰うためには、町の人たちの生き様にまで踏み込んでいく。そして地域の活性化に参画する覚悟が必要だと、心の片隅においていました。

　工場団地を造って企業誘致で飯が食えるかと考えたけれど、企業誘致も簡単にはいかない。産業振興の視点で最後に行き着いたのが観光振興でした。北海道から沖縄まで観光を売りにしている地域は沢山あるが、観光は要するに、歴史遺産、自然環境、ロケーションの要素で決まってきます。

　そんなことを考えていたとき、長野県南木曾町の妻籠《つまご》宿が、町並保存でまちづくりをしていることを知り、何度か足を運びました。小林俊彦という有能、異質な係長がいて、木曽の山中の厳しい農村集落を、そのまま保存した狭いところに、年間百万人もの観光客が訪れていました。地元の人たちにとっては農家民宿や土産物屋が賑わい、地域産業として成り立っていました。小林さんは、今90歳ですが、まだ元気に妻籠を愛する会の会長をやっておられます。

　こんなところで、こんな資源でも町並保存運動として人が来るのだったら、内子の町並をしっかり整備すれば、観光資源として活かせると考えた。昭和50年頃のことでした。保存地区の皆さんに妻籠宿の話をして、何回かに分けて足を運びました。昔ながらの景観を残せば人が来るということを目で見て、実体験して貰い、町並保存運動につなげていったのです。

　話し合いはしっかりやりました。「皆さんの持っている土地、家屋の一斉が景観保全の対象物件になります。住んでいながら、身勝手な行動は一切できません」「あれするな、これするな」という話ばかりです。生活はがんじがらめ、規制だらけで、暮らしの快適性を求める話題は出てこない。そんな厳しい制約の中で町並保存運動が始まると話をしました。

　住民の皆さんも十人十色で、その人たちに個別に説明をしなければなりません。集会所の会議室に4～50人集まって貰い、そこで説明しますが、住民はそれぞれ思いが違うし、考え方が違います。説明会の場では黙って聞いていて、誰も反対の手を上げない。黙って聞いていることが、実は反対の意思なのですが、最初から反対とは言わない。しかし反対意見がないから、賛成だと解釈して、そのままことを進めると、後でトラブルが起きてしまう。役場職員と保存地区住民との対話の深まりが、仕事を進めていく上で欠かせないことでした。

個別訪問をし、町並保存のイロハを分かって貰う。メディアにキャンペーンを張って貰ったり、映画のロケ地にして貰ったり、新しい情報を東京から持ち帰り、住民にフィードバックしていくなど、時間をかけて行政と住民が一体になった姿が出てこないと、事が前に進みません。

町並保存は基本的には文化財保護運動ですから、一般的には教育委員会が担当します。内子町でもスタートは教育委員会でしたが、しばらくして商工観光部門に移管し、観光振興という視点で町長部局で進めました。

内子座の保存

岡﨑　町並保存と、密接に関係しているのが内子座の保存の経緯だと思います。内子座は大正5年に、地元の旦那衆がお金を出し合って造った木造の芝居小屋でした。私たちが最初に内子町に来た当時は、商工会の事務所と倉庫になっていました。町並保存地区に人

「内子座文楽」で多くの客を集める内子座

が来るようになった頃、大型バスも来るので、近くに駐車場が欲しい、内子座を取り壊して駐車場にしたらどうか、という話まで出ていた。それを保存して、現在では内子町の文化ホールになった。毎年夏には文楽の公演があり、全国から客が来る。

文化施設として内子座を蘇らせた意味、難しい建築確認や行政手続きなど、町民の文化的な拠点にしていったご苦労などお聞かせ下さい。

岡田　町並保存は、観光振興として始めましたが、八日市・護国の町並保存地区だけを整備しても、街の中でお客さんが散策する範囲は広がらない。少し離れた商店街までどう繋げるかが悩みのひとつでした。そんな時、商店街の外れに崩落寸前の内子座が残されていた。この施設は内山商工会が所有し使っていたもので、商工会に対して保存再生し、商店街の活性化のために使ったらどうかと提案をしたが、反応は良くなかった。

これは裏話ですが、内子のような田舎町で町並保存を始めることに、当初、愛媛県はあまりいい顔をしなかった。あんなものを残してどうするのか、と批判的な対応でした。「これは困ったな、県にそっぽを向かれたら本格的な保存はできない」と思ったのです。そんなときに思い出したのが、最初に岡崎さんたちと一緒に来られた朝日新聞編集委員の木原啓吉氏でした。町並保存の大切さを最初に指摘したジャーナリストであり、以後私にとっては大切な師匠です。「町並保存で困ったことがあったら何でも相談に来なさい」と名刺をいただいていたので、早速、東京へ相談に行きました。木原さんはすぐ文化庁に繋いでくれて、それ以降、文化庁と内子町との関係は深まり、昭和57年に八日市・護国地区が重要伝統的建造物群保存地区に選定されました。

その後、愛媛県も手伝うことはないかという姿勢になりました。そこで、地域づくりに関する色んな事業に予算が付くようになって、本来の町並保存の歯車が回り始めました。県も応援してくれるので、関係者の皆さんからも、大きな反対も起こらなかった。

内子座の保存も、当初は進めにくかった。町の人たちには、古い内子座に文化ホールの再生をイメージすることは難しく、新しい施設を求める声があったのも事実です。歴史遺産としての内子座が持つ意味を示すためのシンポジウムを開催し、メディアの応援を求めつつ保存への環境を作りました。愛媛県の事業として認定されたことにより、幸運にも七千万円の保存費用が賄えて、大きい財産づくりに展開していったのです。

その後、内子座を文化ホールとして活用することは、町民からも支持され、町の色んなイベントが内子座で開催され、外からの先生たちも、あの舞台で講演できるのは楽しいと言われるし、人気の施設になりました。保存する上で、悩みは沢山あるが、町の誇らしい財産になっています。内子座のような芝居小屋は、全国の自治体に一つや二つはあったはずですが、民間所有ということもあり、壊してパチンコ店やスーパーマーケットに姿を変えてしまったようです。

●壊して駐車場に？

岡﨑　内子座を保存しようとしたとき、「内子座を残すべきか」、「取り壊して駐車場にすべきか」で住民意識調査をやっていますね。確か7割近い人が、内子座を潰して、町並保存地区に来る人の駐車場にすべきだという意見でした。しかし住民の大半の意向に反して、町として内子座を保存、再生する決断をしたことが、現在の内子町のシンボルとして、また住民の誇りとなっている内子座の存在に繋がっています。それはまさに地域が大きく変わる節目にあったわけです。

岡田 「7割の人が、内子座を壊して駐車場にしろ」、これが住民の率直な声でした。そんな数字が出ると、役場の人間は数字通りに受け止めて、それでは壊して駐車場にしましょう、と答えを出す。そうすれば、住民はいいことをしてくれたと評価するでしょう。7割の反対があるけど、それをどう減らしていくか、という発想はなかなかできない。しかし内子座というものが本当に価値のあるものだという確信があれば、それに取り組まなければならない。そこがまちづくりを考える上で一番大切な、私たちに与えられた仕事だと思います。

壊して駐車場にすることが正解だったかもしれません。どちらが大切なのかを見極めなければなりません。7割の反対者を説得するためには、いかに想い入れをもって取り組むかです。メディアのバックアップもありました。内子座を残す意味や意義を町の人たちに知らせ、情報を広げる活動の大切さを知りました。木原先生に来て貰い、内子座を残すシンポジウムも開催し、結果として、内子座は残りました。

●村並保存へ

岡﨑 町並保存地区と内子座の活用ができるようになって、内子を訪れる人たちは増えてきました。このインパクトを、農山村へも広げようと始まったのが、石畳地区の村並保存ですね。村並保存という言葉を使ったのも、内子町が最初だと思います。石畳はまさに山村風景が広がる素晴らしい地区です。なぜ石畳地区を対象にしたのか、村並保存とはどういう発想だったのでしょうか？

岡田　町並保存というのは50年、１００年と継続する運動のことです。ところが町全体を見ると、経済をはじめ全てが右肩下がりです。いずれは町の中から人も、産業もなくなってしまう恐れがあります。観光振興のために町並保存運動を声高に叫んでみても、町が潰れてしまえば、保存の意味もないという危機感が生まれてくるわけです。

内子のような在郷性の強い地域では、中心部を取り巻く周辺の農山村集落の元気があって、はじめて町が生き永らえていける。本当に町並を残すのなら、農村部の集落も含めて残さなければならない。そういう発想から村並保存運動が始まりました。山間地域が持っている地域資源にしっかり光を当てる、その運動の総称を私流に「村並保存運動」として最初に使いました。

我が国の国土の中で、農村部の抱えている生活環境の大切さは、食生活から自然環境に至るまで、ムラ社会が維持してくれています。その大切なものをきちんと支えているのは地域の住民です。その人たちが農林業では飯が食えないという現実からどう脱皮をしていくか、それを考えることが、町全体が生き永らえていける一番大切なことにつながっていきます。

「村並保存運動」を進めるにあたって、誰にその運動を担って貰うかを考えた時に、白羽の矢を当てたのが石畳の人たちでした。石畳は農村景観として恵まれているし、内子には３つの一級河川が流れていますが、そのなかの麓川《ふもとがわ》が石畳を水源域にしている川で、内子の住民がコントロールできる川だということです。

石畳の人たちには、「石畳を思う会」という任意の組織を新しく作って貰い、村並保存運動が立ち上がります。既存の地域コミュニティもありますが、そこへ村並保存運動をやりませんかと、公民館活動のような感覚で提示しても、浸透しないと思いました。既存のものとは別に、新しい組織をこの指とまれ方式で作り、最初は10名でした。彼らには、行政に対して甘えることは一切なし、甘えると地域の再生や自立は成り立たない、と話しました。自力で、自立することを前提にした村並保存運動を30年継続して、ようやく定着した感じです。

岡﨑　石畳を思う会は、いわば特定のグループですね。そうすると地区全体の自治会やその他の人たちの対応や反発などは、どうだったのでしょうか？

岡田　確かに、置いてきぼりになった人たちの不満はありました。「俺には声がかからなかった」というけれども、声をかけたからといって参加するわけでもない。行政が仕掛ける一般的なものは、住民組織がつくられ、規約や事業計画が提案される。さらには補助金がついて、そこからスタートする。当初は、会長や役員さんが頑張るが、2、3年経つと役員のなり手がなくなり、ジリ貧になって、事業が沙汰止みになってしまう。よくある話しです。

公民館活動をしている人たちは、敬老会や運動会など通常の活動に終始している。そこへ新しい地域づくり運動をスタートしませんかと持ち込んでも、それまでの公民館活動のやり方でしか理解して貰えない。そこをしっかり地域の皆さんと話しあうことが重要です。意識の改革、脱皮のためにはどこかで変わらなくてはならない。変わるのはあなたたちだ、「この指とまれ」で集まってくれる人たちに対して、その意識を伝えなければならないと思いました。

●自分たちで資金を出す

岡田　麓川を再生するために、川の勉強をしようと、一人40万円を出してスイスまで行った。全額ポケットマネーです。自分たちの地域のために、自分たちがお金を使って活動することは当たり前のことで、補助金がなければ出来ませんと言っているようでは、地域は潰れてしまいます。

この指とまれで集まった人たちに、最初に言ったのは「あなたの葬式、誰に出して貰うの」との質問でした。自分が送られる時、今のままの石畳では送ってくれる子どもは一人もいない。そうならないためには人に住んで貰う、そのためには住んで貰うだけの条件が満たされる地域にしよう。自分の葬式を出してくれる人が住める地域づくりのために、自分の金を出すことを惜しまない仲間づくりをしました。今、10数名の小さい組織ですが、頑張っていると思います。

岡崎　私も石畳には何度も寄せていただき、この会の活動をみてきました。昔、麓川沿いにあった水車小屋を復活させようと、お金を出しあったり、来てくれるお客にソバをふるまおうと、山形まで勉強に行ったりしていますね。行政に頼らず、自分たちでやり切る、という最初の動機付けが重要な意味を持っています。そういう住民自身の強い思いが、「石畳の宿」の運営につながり、そこで働く女性たちも、石畳で採れるものを使って料理を出そうと頑張ってきました。

●外の知恵の活用

岡﨑　岡田さんが担ってきたまちづくりで、常に感じるのは、外部の知恵の活用です。例えば横浜国立大学の宮脇昭氏という、ドイツ生態学を日本に導入した生態学の第一人者ですが、この先生に連絡をとり、内子の植生調査をして、エコロジータウンづくりにつなげた。また村並保存地区の道路拡幅でできた山の急斜面を、内子の植生に合った樹木で法面緑化をする事業も先進的に取り入れました。

　内子中学校や内子自治センターなどの公共施設に関しても、建築家の吉田桂二氏がずっと関わってこられた。地域づくりをすすめていくためには、外部の専門家は必ず必要です。内子町では、日本をリードするような研究者や専門家と常にタイアップしながらやってこられたわけです。

岡田　行政計画を実行する上で、例えば設計、施工に関することは、ほとんど指名競争入札の原理を前提にして、安いところに発注するのが役所のやり方です。ただ、いま挙げていただいた公共建築の例は随意契約です。議員さんからはいろんな意見が出ます。随意契約の持つ良さもあれば悪い面もあるから、お叱りを受けることもありました。しかし美しい町をつくっていこうとするとき、施設のあるべき姿は、その道に明るい人たちにしっかりと絵を描いて貰わなければできません。

　町並保存地区内での修理や修景の事業でも、競争入札でやったために、とんでもない失敗をした例は、全国に沢山あります。そうならないためにも、とくに公共建築は住民の誇りとなるようなものにしなければならない。その意味で、できるだけその道の専門家にお願いをしてきました。

それができたのは、当時の町長の力量の大きさがあった。いま思うと、改めて感謝をしなければならないが、やはり上に立つ人がまちづくりをきちんと受け止めてくれていたことは、とても有り難かった。

●現場へ足を運ぶ

岡田　外部の人材とどんな形でつながっていくか、いわゆる人的ネットワークづくりですが、一番手っ取り早いのは旅をすることです。映像も写真もあるけど、いいまちづくりの例を発見したら、そこへ足を運ぶことです。誰が構想したのか、図面を引いたのか、誰が作ったのか、逐一現地をみてきました。これなら内子でもできると思ったら、それに関係した人に連絡をとる。

内子中学校は木造の校舎です。一教室が一棟となっていて、13、14棟が廊下でつながっています。しかし計画段階では、ＰＴＡの皆さんから、コンクリート3階建てにして欲しい、といった意見が出ていました。木造のほうが内子らしいと言ってもなかなか耳を貸して貰えない。木造は田舎というコンプレックスが背景にあったと思います。イタリアやドイツ、フランスでは、農村部の田舎の良さが認知されています。なぜ日本人は田舎らしさを嫌うのか、そういう現実に向き合うのも行政マンの仕事だと思い、吉田桂二という建築家に自分たちの近くにいて貰いました。町並み保存運動に関わって、各地で吉田氏と出会って、知り合いになり、いつの間にか私の師匠になって貰ったわけです。ヨーロッパ各地に一緒に旅もしたし、沢山の情報を貰い、まちづくりに貢献して貰った。

●客観的にまちをみる

岡崎　私は1999年度から放送大学で「都市・地域経営」という講座を持ったことがあります。その前年から準備を始めましたが、講義の中で、現場の姿を伝えたいと、北海道池田町、熊本県小国町、内子町の現場で、ロケと対談をしました。池田町、小国町の場合は撮影クルーが先乗りし、随分苦労をして、どこを撮影するか、準備をしてくれました。

　ところが内子の場合は、岡田さんが撮影クルーを案内して、石畳地区だったら、この位置から何時頃に撮ったら良いよ、などと指示をしてくれ、随分楽に進みました。

　昔から岡田さんはどこに行くにも、立派なカメラを持って歩いていました。カメラのファインダーを通して内子の場面、風景を切り取っていくことが、内子を写真に撮ることだと思います。その意味ではカメラを持って、内子の現場を歩きながら、その風景を切り取るという作業が、岡田さんの中で、内子という地域を客観視し、相対的に地域を見ることに繋がっているとみていました。

岡田　町を観る目線という意味では、審美眼という言葉がありますが、美しいものを本当に美しいと見極める眼力を、どう身につけるかです。町並保存で修理や修景事業をするとき、常に気にしてきましたが、そういう美意識をもたない人が家を直すと、平気で壁にトタンを張ったり、新建材を使ってしまう。あるとき重要文化財の上芳我邸の部分的な修理の際、コンパネを使っていた。それを使うことの矛盾、不快感などに担当者が気付かない。すぐに撤去して取り替えたが、美というものが見えない人はそうやってしまう。

コンクリートもそうです。日本全国コンクリートだらけです。何でもコンクリートで固めれば、地域が良くなったかのような錯覚を持っている。日本の美がどういうものなのか、四季の中で、それを判断できるような訓練を、各自の努力でやらないと、教えて貰って身につくものではないでしょう。私は18歳から、高い金を使いながらカメラに興味を持って撮っています。これは今になっても非常に役に立っています。

岡﨑　思い返すと、岡田さんとは随分と色んなところに旅をし、色々と教わりました。例えば東北のある村を訪れたとき、地元から桜並木をつくりたいという提案がでた。岡田さんは即座に「桜よりも柿を植えろ」と言った。桜は虫がつくし、花が咲くのはほんの数日だけだ。柿は緑の葉っぱもきれいだし、秋になれば柿が熟して、オレンジ色の実が1、2ヵ月もなる。景観的にもそのほうがいい、と言われたのを思い出します。行く先々で、そういう示唆を聞いてきた思い出があります。

●辞表を懐に

岡﨑　何度か「岡﨑さん、町長に出す辞職願をもっている」と見せて貰ったことがあります。明日にでも役場をやめる覚悟で仕事をしておられたわけです。昭和50年代中頃、私が内子に来るようになって、2年ほど経った頃、岡田さんは当時の藤井町長を東京の私たちの事務所にお連れになった。「この町長と一緒にやっていく。うまくいきそうだ」と期待をされていた。ところが残念ながらその半年後に藤井町長は急逝された。それ以降、岡田さんは町幹部との緊張関係の中で、仕事をしていたようにみえました。時には懐に辞表を忍ばせていたこともあったわけです。

そういうことを含めて、自治体職員のまちづくりへの取り組みについて、岡田さんのお考えをお話し下さい。

岡田　楽しい意味での処し方という点では、今与えられている地位の、一段階、二段階上の立場で仕事をして欲しい。係長であれば、補佐や課長クラスの仕事を、課長なら首長の立場に立って貰いたい。自分が町長だ、市長だというスタンスで打ち込んで貰いたいのです。

●「係」から脱皮して

岡田　自治体の仕事は限りなく広い。色々な立場に立ち、係から脱皮して仕事をすべきです。給料を貰っているプロですから、その道を極めて貰いたい。ところが我が町を含めて、多くの職員は、みんな「係」なんです。昨日まで税務係だった人が辞令一枚で観光係に、3年して別な係になる。60歳で退職するまで、ずっと「係」で終わってしまう。「係」というのは、与えられた仕事をする、それ以上でも以下でもないわけです。昨日と今日の自治立志塾で、岡崎さんからこれまでの日本各地のまちづくりの歴史を伺いました。それらの自治体では係を遥かに超越した担当者が、そのまちを作り上げてきたことを指摘された。池田町でも丸谷町長があれだけのことをやったから、大石和也氏も係を越えてワイン城をつくることに奔走された。

それなりの成果を上げた自治体には、働いている人たちが、係から脱皮してプロとして道を全うしている。それではじめて地域が地域らしく成長してきた。その現実を公務員の立場でしっかり自覚をすることが重要です。文字情報や音声だけでは、何の実にもならない、こんなことを長年の公務員生活の中で自覚しました。時には高い目線で好き勝手なことを言って、不愉快な思いをした職員もいるかと思いますが、一歩二歩、踏み出していかないとどうにもならない。

もうひとつは、徹頭徹尾、敵を作れということです。敵を作れば作るほど、その敵に負けないように仕事をしようとするわけで、自分が磨かれます。そういうものの見方、考え方を頭の隅に置いて頑張って貰いたいというのが経験者としてのお願いです。

岡﨑　有難うございました。

2018（平成30）年1月21日
於いて、内子自治センター

〈岡田　文淑〉
・自治体学会名誉会員
・えひめ地域づくり研究会議相談役
・元愛媛県内子町職員

2　対論 in 豊中

中川幾郎・馬袋真紀・岡﨑昌之

近畿自治体学会の呼びかけで開催された第三回の立志塾は、大阪府豊中市という都市部での開催となった。近畿地区をとりまとめてこられた中川幾郎元自治体学会代表運営委員や相川康子さんのご尽力で、近畿地区としては農村部になる朝来市の馬袋真紀さんを迎えて、住民が担うまちづくりの仕組みや人材育成について話が弾んだ。

中川　この鼎談の主役は、朝来《あさご》市の馬袋《ばたい》真紀さんです。もとは山東町という人口約６千人の町役場に勤め、その後、和田山、朝来、生野の４町が合併してできた新朝来市の職員となりました。パワフルな仕事ぶりで、今や全国区の有名人です。その馬袋さんから、前半は地域自治の仕組みについて、後半は人材育成～朝来市では財産の財という字を使うそうですが～について話して貰い、岡﨑先生からコメントをいただきながら進めます。

はじめに、少しだけ私と朝来市とのご縁についてお話ししますと、約20年前、兵庫県庁からの派遣で旧生野町へ、まちづくりアドバイザーとして入り、総合計画や自治基本条例の策定をお手伝いしたことに始まります。議会に関する規定も入れた自治基本条例は日本初で、策定過程で職員も町民も鍛えられました。合併後も、新しい自治基本条例や住民自治の仕組みづくりを手伝うことになり、その担当が馬袋さんでした。朝来市では旧小学校単位で「地域自治協議会」を結成し、住民自ら策定した地域まちづくり計画に基づいて、助け合いや生涯学習、地域振興の実践活動を行っています。行政は、条例に基づく自治協を公共団体として認め、包括交付金や人件費を出し、事業のアウトソーシングも行っています。同種の地域自治システムは「小規模多機能自治」という呼称で各地に広がり、島根県雲南市を中心に全国ネットワークができていて、朝来市はその中心メンバーです。

●「小規模多機能自治」の取り組み

馬袋　朝来市は面積約４０３平方キロ、人口３万１千人、高齢化率は33・４％。合併して市になったとはいえ、少子化・高齢化、人口減少が進む中山間地域です。従来、「区」という集落や自治会を中心に地域を運営してきましたが、人口減により、行事の運営や作業の分担が難しくなってきました。そもそも地縁団体は世帯単位の加入なので、戸主である60、70歳代の男性を中心に物事を決めてしまい、女性や若者が参画する機会がありません。高齢世帯の生活不安、遊休農地や空き家の増加など、家庭でも集落でも困りごとが増えていく中、これまでのやり方ではダメだろう、と多くの人が思い始めていました。合併を期に、中川先生を座長とした検討会で自治力を高める方策を話し合ったところ、①区単位ではできないことを助け合う組織　②行政に要望するだけでなく、自分たちで考え行動する組織　③合併したから一律にするのではなく、地域特性を生かせる仕組みが必要、という意見が出ました。

そこで、昭和の合併以前の旧村単位（朝来では概ね小学校区単位）で、様々な活動団体を集約し、情報を共有しながら役割分担をする地域自治協議会の仕組みを導入したのです。

地域でできることは地域で、という補完性の原則に基づき、高齢者の買い物支援やミニデイサービス、地域学童保育といった助け合いのほか、遊休農地の活用や特産品の開発・販売、生涯学習、さらに公の施設の指定管理者にもなっています。制度を導入したことで、「まずは自分たちでなんとかしよう」という気運も高まり、女性や若者がまちづくりに参画できるようになりました。

自宅がある与布土《よふど》地区でも、都市部との交流事業や「ふるさと小包便」など多様な事業に取り組んでおり、私も情報発信や生涯スポーツなどを担

朝来市 地域自治協議会

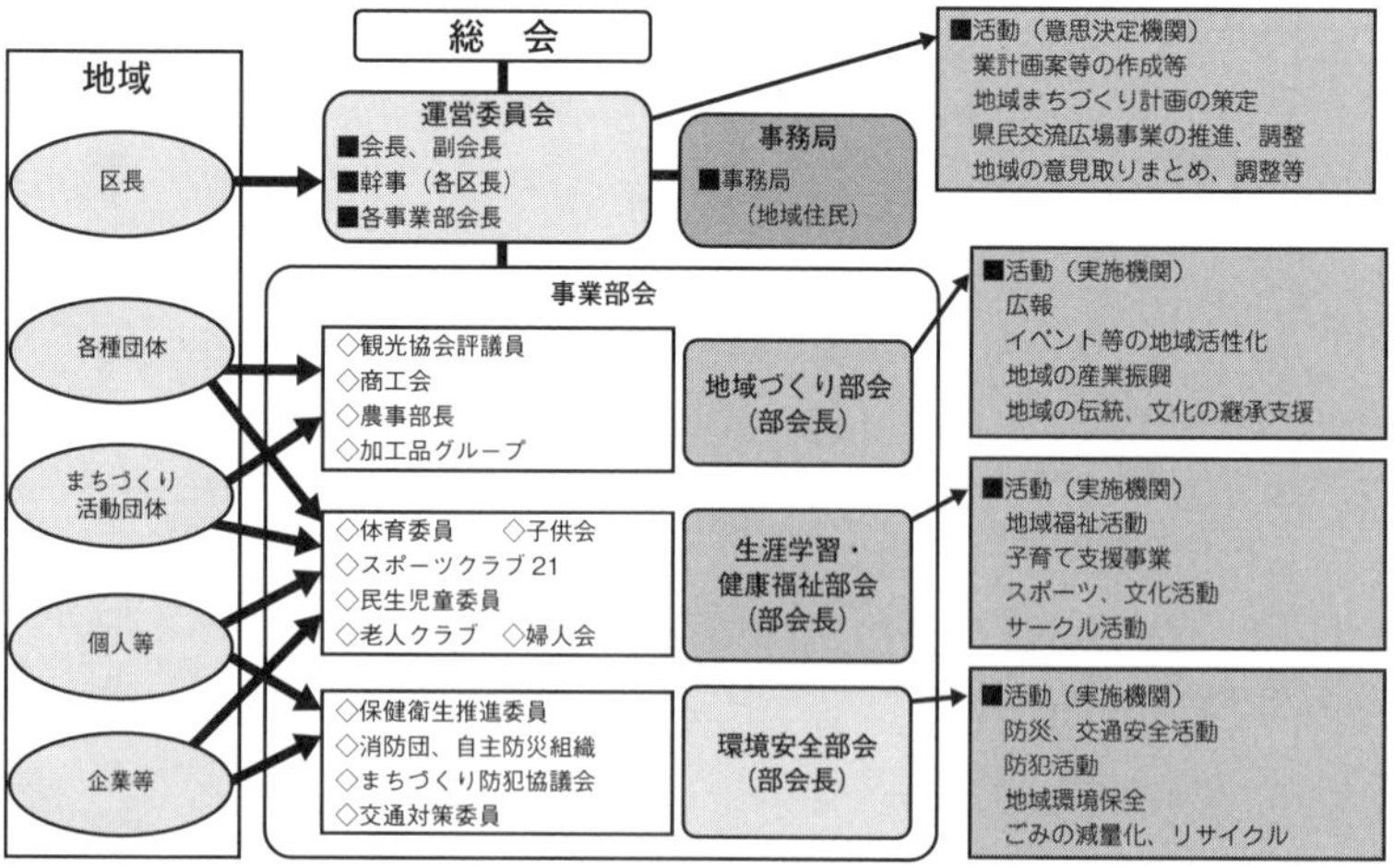

「地域自治協議会のイメージ」より

当しています。例えば、子どもたちに地元の自然を満喫させる「わくわくキャンプ」の準備では、平日夜の打ち合わせに高校生や大学生、30～40歳代の男女が集います。なぜ多様なメンバーが来るかといえば、年に何度か懇親会という名の人と人とが繋がりアイデアを生み出す場があるからで、楽しいから友人を誘い易いし、企画のアイデアを出し易く実践がし易いからです。

● “will” と “can” と “must” から始める

馬袋　地域の方から「自治協でどんな活動をすればいい？」と相談されたとき、私は「Will（やりたいこと）」と「Can（できること）」と「Must（地域が求めていること）」の3要素が重なる部分から始めるといいですよ、とアドバイスしていますが、若い人には、自分たちのやりたい Will から始めれば、Must は後からついてくる、と考えています。やった結果が地域の役に立つと評価されれば、やりがいが湧き、次の活動につながります。

実践の中で気づいたことですが、シニア層と若者たちとでは、参加の動機やアプローチが異なります。シニア層は「役員だから何とかしないと」という使命感や義務感から入り、課題解決を目指します。これに対して若者は「面白そう」から参加し、未来志向です。進め方も、シニアが形式に拘りがちなのに対し、若者はSNSで連絡を取り合い、実質的にどんどん進めていきます。どちらが良いという話ではなく、違いを認めることが大事です。両者の違いを理解し、若者の思いをシニアに分かり易い言葉で翻訳する一方で、新しい担い手に地域活動の最低限のルールを守るよう伝える〝つなぎ役（翻訳者）〟が必要です。

与布土自治協では、若者や移住者を含め、誰もが参加できる仕組みづくりを意識的に行っています。肩書きがなくても、地域に住んでいなくても、誰もが、いつでも参加でき、ときには、「この指止まれ」と仲間を集めて主役になれる。そんな若者の挑戦を後押しする雰囲気をつくるには、翻訳者の存在が欠かせません。自治協で活動するメリットですが、住民から信頼されている組織なので、そこを通せば、一個人の企画より信頼度が高まり、活動費が出ることもあります。また「働いているので土日や夜しか動けない」という場合、平日昼間の折衝などは事務局がフォローしてくれます。

●多様な構成員からなる自治協

中川　若者や移住者が地域に関わり易い工夫を話して貰いました。私から、なぜ朝来市の地域自治システムが全国のモデルになったか、少し解説しましょう。

少子化・高齢化の時代、従来の世帯主を中心とした「区」だけでは地域運営が難しいので、自治協の構成員は、事業者も含めた地域の全員です。さらに執行部には○△□（まる・さんかく・しかく）の代表制が必要だと訴えてきました。○は総合性で、教育、福祉、環境、地域振興などあらゆる分野を司ります。△は人口ピラミッドのイメージで、世代や性別の多様性を示します。□は校区内の地区の象徴で、各区長が自治協の運営委員会に入ることで、従来の活動が断絶してしまうのを防ぎます。

生涯学習を重視しているのも特徴のひとつです。都市部にありがちな〝暇つぶし的お勉強講座〟ではなく、農業技術や商品開発といった生活に密着した学びを行っています。活動はWillから入る、とのことですが、社会学者の鳥越皓之さんは「コミュニティは感情の共同体で、人々の思いや幸福が重視されなければならない」と言っておられます。朝来の地域自治協議会は、まさにその原則に沿った運営をされていますね。

岡崎　幾つか質問させてください。まず、若者の参加が多いと聞きましたが、なぜそんなに朝来に若者がいるのですか？　またリーダーの資質などによって自治協活動に地域差が出てくると思うのですが、市職員として、不活発な地域のフォローや、全体の底上げをどのように図っていますか？　他地域では、まちづくりを推進する生涯学習の機能を公民館が担ってきたケースが多いのですが、朝来ではどんな場所で、どのように主体形成がされてきましたか？　自治協の事務局は、どんな人たちが担っているのでしょうか？　各自治協の運営費としてかなりの予算がついているようですが、市全体の予算配分の中でどう位置づけられているのでしょうか？

馬袋　私の小学校の同級生は23人いましたが、次男の学年は6人で、子どもや若者が少なくなったのは事実です。それでも移住者も含めて顔が見える範囲なので、参加し易いタイミングがお互いに分かっており、声を掛け合って地域活動へ引き

出しています。

地区によって熱意や活動の濃淡は確かにありますし、自治協の必要性があまり理解されていないところもあります。行政にできるのは、地域の現状や将来課題に関して気づいて貰う機会を提供することだと思っていて、お金の使い方も、それぞれの地域が何に重きをおいて活動しているのか、そしてそれをどう意思決定したかについてもすべてオープンにしています。そうすることで、市民の皆さんが自ら気づく機会を作りだしています。各自治協にお渡しする地域自治包括交付金の金額は、均等割２、面積割２割、人口割７の配分で決められ、別途１ヵ所２８０万円の事務局運営費を出しています。花・緑の活動や交通安全など、行政としてこれだけは地域でやってくださいね、という地域協働事業額もあるので、合わせると、大規模な地区で13百万円超、小規模なところで５百万円ぐらい。これらは使い方も含めてすべて市のＨＰで公開しています。

活動内容も、私が住む与布土地区ではコミュニティビジネスなどの活動もありますが、同様の取り組みを全地区に求めているわけではなく、コミュニティの再構築から始めた方が良いところもあります。イベントばかりしている、と批判されているところもありますが、惰性でしているのか、それとも〝顔の見える関係づくり〟という明確な目的のためなのかを見極めなければなりません。

中川　地域のお祭りが途絶えてしまったところでは、イベントで、顔の見える関係を再構築するしかないですからね。それと、朝来市役所では地域担当制を導入していましたよね。

●地域で期待される自治体職員

馬袋　はい。自治協の制度を始めると同時に、地区の出身者は兼務で地域担当職員になる、つまり仕事として地域に関われるようにしました。知恵を出すのが役割です。当初は１地区５人ずつ配置していましたが、今は人数には拘らず、職員が地域に携わる切っ掛けづくりと考えています。ある自治協の会長からは「合併で庁舎までの距離は遠くなったけれど、協議会ができて市役所が近くなった」と言って貰えました。

中川　生涯学習について、公民館との関係や、ユネスコの生涯学習論でいう循環、つまり学んだ人がリーダーとなり次の人に伝えるという流れはできていますか？

馬袋　２年前に旧町単位で設置されていた公民館を「生涯学習センター」と改称して、講座を精査し、ずっと同じ顔ぶれで続けているものは同好会に移行して貰いました。住民同士の学び合いはこれからの課題ですが、郷土史愛好家たちの活動が自治協とコラボするなど、学んだ成果を地域に還元する動きも少しずつ出始めました。

　自治協の事務局ですが、事務局員を雇用する経費として別途２８０万円ずつ交付しています。自分たちで金額を上乗せしているところもあり、おおむね3百万円前後で2、3人を雇っていると思います。各団体との調整や書類作成能力が求められる事務局長には、市役所ＯＢが就くケースが半数近くあり、現役時代から目をつけられ、退職と同時に「来てくれ」とお声がかかる人もいます（笑）。一方で、事務局に若い世代の意見を反映させるため、パート勤務でもできるように仕事を配分し、子育て中の女性たちを積極的に雇用している地域もあります。

中川 女性の中には、広報誌作成などエディター能力に長けた人がいるので、それを活かすシステムはいいですね。執行部の中に事務局体制を確立して、役員と事務局とで仕事を分担する、さらに人件費もきちんとつける、というのが持続的な活動を行う秘訣です。

さて、質問に一通り答えてもらったので、後半は人材育成の話をしましょう。

●ASAGOiNGな人を育てる

馬袋 まちで活躍する人材をどう育てているのか ASAGOiNG 人財育成プロジェクトについて紹介します。朝来市では第2次総合計画の将来像として「あなたが好きなまち・朝来市」を掲げ、その推進のためにシティプロモーション戦略では「ASAGOiNG な人が沢山いるまち」を掲げました。ASAGOiNG な人とは、自分らしくやりたいことを実現しながら、その延長でまちと関わっている人のことです。やりたいことができると人は生き生きするし、まち自体も生き生きして魅力が増します。目標になる人がいれば、私もやってみようと一歩を踏み出し易いでしょうし、そういう挑戦者を応援する気風が地域に広がれば「朝来市に行けば自分もやりたいことができる」と移住者も増える。だからASAGOiNG な人を増やすことに、市をあげて取り組んでいます。

手法として、情報発信からアクションにつなげることと、アビリティ（実行力）を持つ人財を育てていくことの2つがあります。ASAGOiNG な人が持っている力は、未来をつくる力とまちを愛する力です。夢の実現に向けて道を切り拓く主体性が大事ですが、それと同時に多様性も大事です。やりたいことや、それにかける時間は、人によって違うにもかかわらず、周囲から「その発想は変だ」と批判されたり、「これぐらいのことはしないと」とダメ出しされたりしたら、誰も一歩を踏み出せなくなります。多様性を認め合うこと、そして自己肯定感を育むことが大切です。やりたいことをまちで実現できているからこそ、まちに対する愛着や自分はまちを構成する一員なのだという「シビックプライド」が生まれると思います。

朝来に生まれた子どもから大人、高齢者まで、どのライフステージにおいても、まちに関わる場があることを目指していますが、とくに力を入れているのは、若いお母さんたちがまちに関わる切っ掛けづくりと、中高生が持つ可能性を伸ばし応援することです。起業したい人にはプラン作りをアドバイスしたり、活動実践者と引き合わせたり、一歩を踏み出すための支援を行っていますが、朝来市民だけでは限界があるので、外部の人を巻き込んでいます。今の中高生たちが成長し、いざ挑戦を始めるときには「自分がやりたいことを仕事にする」生き方が、地域で認められるようにしておかないといけません。移住起業者を応援することで、ASAGOiNG な生き方や暮らし方が当たり前、という文化が早く浸透すると信じています。

●外部人材の支援

馬袋　移住者や地域おこし協力隊のような外部人材が生き生きと活動するためには、彼らの思いと地元住民の思いとを、上手にマッチングする必要があります。「農業をしてみたい」という思いと「遊休農地をなんとかしたい」という思いをつなげば、新規就農につながり、地域挙げて応援することにつながります。アメリカの心理学者、マズローの欲求段階説にあてはめて考えてみると、安全欲求では、不安を抱えた移住者らが、いつでも何でも相談できる相手がいること。社会的要求だと、仲間や応援してくれる人が地域にいること。さらに尊厳欲求だと、地域で認められ必要とされる人材になっていくこと。これらが果たされた上で、自己実現に至るのだと思います。ですから、この３つの段階を、市の仕組みや地域コミュニティの中に入れ込むよう心がけています。

例えば「まちづくりカフェ」などの対話の場で、自分の夢や得意分野を話せば、応援したり、されたり、さらに有益な人を紹介して貰えたらやる気になります。地域おこし協力隊に対しても、彼らのやりたいことと、地域のＳＯＳとをマッチングできるよう、フォローアップ研修に力を入れています。さらにフリーペーパーや市の広報誌で、頑張っている人を紹介したり、移住者と住民との顔合わせの機会を作ったりもしています。

●自治体職員と現場の活動

馬袋　私はプライベートな活動として、移住者や若い人たちと「あさごぜる」というグループをつくり、空き倉庫をＤＩＹで改装し、気軽に集まれる場所を造りました。自治協や生涯学習センターよりも敷居が低いサードプレイスです。起業の挑戦もできるようにしており、昼間は移住者の女性がカフェをして、夜は違う移住者がバーをやっています。

地域住民と移住者をつなぐことで、４つの効果がありした。1つは、移住者の目を通して改めて地域の価値に気づき、愛着や誇りが湧いたこと。2つ目は、やや疲れ気味だった地域活動に、新たな人が加わり原動力になったこと。3つ目は、チャレンジする移住者に感化されて、市民の中に私もやってみようという意欲が出てきたこと。4つ目は、地元で培ってきたノウハウが、外部人材とコラボすることで、地域にイノベーションをもたらしていることです。

私は、市職員としても、一個人としても地域と関わっていますが、プライベートの実践があるからこそ気づくことも多いのです。自身も活動し、市民の動きを感じることで、「いま、この施策をするとステップアップできる」という行政判断のタイミングが見えてきます。また、市の事業として実施するには当然、予算がかかりますので、納税者である自分が納得できる支出かどうか、という視点を大事にしています。市職員として、仕事と地域活動をリンクさせ、活動から理論を生み出しながら仕事をしています。

中川　ASAGOiNGは、まちの課題や生活とつながった人財育成なので有効性が高いですね。自己肯定感を養う話ともつながりますが、地域社会はともすれば性別や年齢による差別が出る場でもあります。福岡では毎年一回、役員を対象に人権研修をしていますが、朝来ではいかがでしょうか？　また朝来市は「住みたい田舎」のランキングで常に上位に選ばれるなど、移住し易いまちというブランド化に成功しています。私は30年程前に、大阪ガスエネルギー・文化研究所の副所長をしておられた隅野哲郎さんが、まちづくりの人材として「若者・馬鹿者・よそ者」の話をされたのを、じかに聞きましたが「若者はビジョン、馬鹿者は土地にしがみついている人（リソース）で、よそ者は風の人であると同時に評価を意味する」と言っておられました。ASAGOiNGは、若者とよそ者を馬鹿者にしていく仕組み、と言えるでしょう。

マズローの欲求段階説を、朝来のまちづくりに紹介したのは私なのですが、実はマズローが温めていた学説では「自己実現」の上に「コミュニティへの帰属欲求」があったようです。学説を発表した当時は赤狩りが激しく「コミューン」に近い言葉は削らざるを得なかったとか。よく「人の幸せのために尽くすのが最高の幸せ」と言われますが、マズローも個人的自己実現に留まらず、その上にコミュニティの概念を描いていたし、哲学者の内田樹さんも、著書の中で「人の幸せのために力を尽くすと、飛躍的に能力が開ける」と述べておられます。朝来市は、それができているまちなのでしょう。ただ、ちょっと心配なのですが、これだけ外で活躍している馬袋さんは、役所内で浮いたりしていませんか？（笑）

●外部人材と翻訳者

岡﨑　自治協の話でも「翻訳」という言葉が出ましたが、外部人材を活用するためには、地域の側に翻訳者が欠かせません。外部から来る人の心情が分かると同時に、地域住民の人間関係、地元の歴史などを良く理解している人が必要です。自治体職員もその役割を果たすことが求められます。

大分県竹田市職員の後藤雅人さんは、まさにこの翻訳者で、数十人の移住者定着に成功しました。

事前に、移住者の思いや特技を調べ、地域でどう活動できるかを考え、的確に地元へ繋いだのです。

いま朝来のような中山間地域は、ここ数年で大きく状況が変わる、いわば分水嶺にあります。地域を維持するには2つの切り口があって、1つは若者です。総務省が昨年3月に公表した全国の都市住民3千人の意識調査によると、20代では38％が農山村に移住したいと思っています。こんなに若者の移住希望が多いのは、初めての現象です。２００９（平成21）年に89人で始まった地域おこし協力隊も、今や5千人を超え、うち6割以上が任期後も派遣地域で定住しています。中山間地域は国土管理上とても大切なので、若者が関心を持っている今の時機を逃さず、自治体職員が翻訳者となって定住を促すべきです。もう1つは、ＳＮＳなどＩＣＴを使って地域の情報を外部に発信していくことです。

馬袋　私は2年間、移住促進の担当もしていましたが、都市で開く移住フェアで私たちのブースでは、観光スポットで有名な「竹田城跡」は一切出しませんでした。カフェのような雰囲気の中で、相手のビジョンをじっくり聞き、朝来市で何ができるかを一緒に考え、信頼関係をつくることに徹しました。職員だけでは対応できない分野、例えば起業の相談などは、実際に朝来市内で起業した人に答えて貰う体制を取りました。

朝来市は総合計画でも20～40歳代に重きを置いており、移住促進もその年代をターゲットにしています。ASAGOiNGな人を紹介するフリーペーパーも、年配の人にはちょっと読みづらいかな、というデザインですが、若者に手に取って貰うことを重視しています。たまたま移住者で市民ライターをやりたいという人がいて、記事は彼女に書いて貰っています。ＳＮＳはまだ戦略的には活用できていませんが、シティプロモーション戦略では市役所が市民に一歩を踏み出して貰うために展開しており、そこではＳＮＳが大活躍しました。

中川先生から指摘された、地域の活動者を対象にした人権研修はまだできていませんが、高齢化が進む中、集落を支える自治協の活動がますます重要になるので、地域に住む多様な人たちが安心して自分らしく暮らしていけるよう、人権感覚を身につけて貰うことは大事な課題だと思っています。

中川　人権研修は、行政の重要な仕事です。某地域では、活動後の飲み会で、男性役員が「女のくせに酒を飲んで…」という差別的な発言をして大問題になりました。一人ひとりの自己肯定感を高める意味でも、地域の中に潜在化する「青二才が…」とか「女、子どもが…」という偏見を捨てて貰う働きかけが必要です。

地域に活力をくれる人を「人財」と呼び「財」の字を当てるのは、自治体学会の大先輩である大森彌先生の発案ですが、ほかにも3つ挙げておられました。「人在」はただいるだけの人、「人材」が少しは役に立つ人、足を引っ張るだけの「人罪」、私はこの「人罪」にだけはならないようにしようと、日々、頑張っています（笑）、という冗談はさておいて、岡﨑先生から助言をお願いします。

岡﨑　先ほど、市民ライターの話をされましたが、先日、ある研究会でＩＴ関連の女性経営者に会いました。この会社はフリーランスで働く人を数万人登録していて、企業のＳＮＳコンテンツ執筆やＷＥＢデザインなどの仕事を仲介しています。彼女いわく、登録者の７割が地方移住を希望しているそうです。そういう仕事だと、情報インフラがあればどこでも仕事ができ、家賃や子育てを考えると地方がいいというのです。優秀なフリーランスが地方に移住し、その人を中心に市民ライターを育成するプロジェクトも始めています。ＩＣＴには問題点もありますが、新しいテクノロジーが日本の中山間地域を再生する可能性を感じています。

中川　有難うございました。最後に自分の質問に自分で答えますが、役所内で馬袋さんは浮いていません（笑）。彼女が外に出て行くことを、市長も職員も情報発信だと理解し、評価しています。人財育成の取り組みを通じて、朝来市役所全体がアグレッシブになったということでしょう。今日は有難うございました。

２０１８（平成30）年7月1日
於いて、豊中市立文化芸術センター

〈中川　幾郎〉
・帝塚山大学名誉教授
・元自治体学会代表運営委員

〈馬袋　真紀〉
・朝来市総合政策課

3　対論 in 遠野　菊池新一・岡﨑昌之

日本のふるさと、民話の里と形容される遠野市は、日本をリードするまちづくりを進め、中核となる市職員のやる気と能力は高く、全国の注目を集めてきた。菊池新一さんは、市の産業振興を担い、郊外の道の駅の立ち上げや中心部の大型店問題などを手掛けた。早期退職後は、NPOの立場でグリーンツーリズムや農村振興を支援し、それが今、全国から若者を惹きつける遠野の要素を形成しているといえる。

岡﨑　遠野市とは3代前の市長、工藤千蔵さんとの出会いから始まりました。「東北市長勉強会」（1978年）や「田園都市を考える遠野会議」（1981年）の開催や地域振興調査などを実施してきました。その中で自治体学会代表運営委員を務められた市職員の千葉富三さんとも出会いました。千葉さんはじめ市長をサポートする職員の皆さんが、とても積極的でアイディアに溢れていた印象があります。例えば「たかむろ水光園」の水道事業と小水力発電を組み合わせた事業など、全国的にも先進的な試みを、当時から実践していました。そういう先輩方の薫陶を受けて、今の菊池新一さんたちがいるのだと思います。

菊池さんは工藤市長や千葉さんたちから、市職員としてのあり方など、どんな影響を受けましたか。

●事務作業と〝役所の仕事〟

菊池　後になって同級生から教えられたのですが、私が市役所に入ると決めたのは小学校６年生の頃です。その理由は、今の若い人たちと同じで、〝安定していた〟からです。しかし入るときに困ったのは、私が高校を卒業する年は職員募集が無かったことです。私は諦めてほかの公務員試験を受けましたが、高校が市に申し入れをしてくれて、何とか３人枠ができ、市役所に入ることができました。

最初は税務課で、会計課、教育委員会と回り、約10年経ちました。次に異動した市民センターで、私の職員としての人生観は１８０度変わりました。主な担当はサラ金の相談でした。窓口に来る人に対して、どうにもできない場合、役所は、警察に行きなさい、社会福祉協議会、裁判所へ行きなさいと、たらい回しにしていましたが、私はそれでいいのかと思いました。

役所というのは、市民のために知恵を絞るところなのに、何もできないというのは間違いではないかと思いました。弁護士と仲良くなり、本当はただで相談するのは弁護士法に触れるのですが、私は電話1本で相談できるようになり、法律相談のようなこともするようになりました。

それは先ほどの千葉富三さんの影響です。新任職員研修のとき、千葉さんが40歳前後で講師でした。千葉さんは「市役所職員は優秀で給料も高い。そういう職員が、人がやった通りのことをやるのは前例踏襲で、単なる事務作業だ。誰もやったことがないことをやるのが仕事だ」と言われました。若かった私はカチンときて「よし、人と違うことをやってやる」と決意しました。もう一つは、色々とプロジェクトがありましたが、どれも一人ではできません。何人かの協力者や同じ思いをもった仲間がいないと成り立たず、チームが重要だということです。

岡崎　遠野は、三陸海岸と盛岡、花巻、北上をつなぐ東北道の中間に位置し、海岸と内陸が交流する場所です。そういう位置にあることが、人間性や市役所の取組みにも関係していますか？

菊池　それはあるかもしれません。盆地ですから保守的、排他的な面もあり、前例踏襲的な役所になり易い。ただ遠野は内陸の産物と沿岸の海産物が同距離で集まり、市を開いてきた。一六市日《いちろくいちび》と言って１と６のつく日に月６回、「人千人、馬千頭」といわれるほど盛んにやっていました。そこには当然新しい情報が入り、人も来る。いつもそういう状況にさらされている。保守的な姿勢ではおれないわけです。その気持ちは職員だけでなく、市民にもあると思います。

●盆地のなかの革新的事業

岡崎　そういうことも影響しているのでしょうか、千葉さんが手がけた水光園では、水道の落差を利用した小水力発電事業を１９８１（昭和56）年という早い時期から実施し、菊池さんは道の駅「風の丘」でユニークな仕組みを創られています。それまで全国でやれなかった斬新なことが、遠野で可能になっています。

菊池　水光園はとても挑戦的な事業で、これは千葉さんのアイディアに尽きると思います。千葉さんの地元は上郷《かみごう》という地区で、そこは釜石にも近く、釜石製鉄所があり、上郷にも大峰鉱山があって、遠野でも特異な地域です。製鉄所や鉱山の関係者の出入りのあるところでした。逆に、いわゆる「炭鉱のまち」ですから、今は高齢化などで遠野では一番大変な地区になっています。

実は私も同じ上郷で、転校生が東京から来ていました。大企業の社員の子弟などは、我々とレベルが違うわけです。まさに「風の又三郎」みたいな人たちです。そんな人との交流もあり、刺激もありました。

市役所に入ったのは平凡な理由でしたが、市民センターでの仕事など、年月を重ねるにつれて、市役所というのはすごいことができるなと感じるようになりました。福祉を担当した時も、そこはまさに市民のセーフティネットを預かる場でした。想像以上に困っている人や、生死の間で生きている人たちに常時会うわけです。テレビでは絶対映らないような現実が目の前にあるわけです。彼らだって命がけで生きていて、そこへ行政として関わっていかなければならないという重みを身に染みて感じました。

当時問題となっていた、医療と福祉と保健がバラバラに対応するという現実を知りました。医者には医者の世界があり、我々が常識だと思っていても、そうでない不合理なこともあります。中にいる保健師と福祉士も、同じ市の職員であっても、みんな縦割りでやっている。厚生労働省の管轄であっても、自分の都合でしか物事を見ていない。合理的でも人道的でもないと感じました。

遠野ではそれを一緒にやろうということになり、その時、遠野病院の副院長、その後院長になる先生が手を貸してくれて、一緒にプロジェクトが立ち上がっていきました。それを国が認めてくれ、遠野の取り組みが全国に先駆けて、在宅ケアのモデル事業になりました。

●官民を越えて住民との連携

岡﨑 自治体職員としての菊池さんをみていると、住民ととてもフランクに連携をしている、と感じます。例えば１９９８（平成10）年、道の駅「風の丘」を立ち上げたとき、菊池ナヨさんたちのグループ「綾織《あやおり》夢を咲かせる女性の会」の切実な思いを聞き、彼女たちの働く場を道の駅の一角に、「夢咲き茶屋」としてかなり強引ながらも設けておられる。そういう積みあげが、その後のＮＰＯの設立にも反映されていると思います。そのあたりの意識はどう形成されたのでしょうか？

菊池 ２つ要因があると思います。各地に講演や相談で呼ばれるたびに、「皆さんはどれだけ自分のまちが好きですか？」と聞きます。自分の大好きなまちを、何とかしたいという思いで、役所の職員をやっているかどうかなのです。民間の人たちは、自分の食い扶持のために日中は働いて、５時からでないと自分の好きなまちのために動けない。でも役所の人間は自分の大好きなまちのために、朝８時半から関わることができる。ご褒美として給料も貰える。そんな恵まれた職場はどこにもない。自分の大好きなまちのために四六時中働くことができる。ただそういう思いを押し付けられたり、上司から言われた義務感からではなく、主体的に仕事と向き合わなければならないと思ってきました。滅私奉公すれば良いのではなく、自分の意思として動くことがいちばん大事だと考えています。

そういう思いもあって、一つは、なぜ官と民という線を引くのか、俺は官だ、あなたは民だと分けるのではなく、同じ遠野市民だということです。例えば平成15年頃、私は産業振興センター所長をしていました。それまでは企業誘致が主要な事業でしたが、リーマンショックなど大きな打撃があり、企業は撤退していきました。これは遠野で起業を考えなければならないと強く思いました。

しかしそれは官だけではだめで、民間の人たちも集めてプロジェクトを起こしました。これまでは、委員会を作るときは市長から農協組合長や商工会長など、組織の代表者に文書を出して、委員を推薦して貰い、月一回開くといった形だけのものが多かった。私はそういうスタイルではやらないことにした。自分の大好きな遠野のためにやるのだから、ボランティアでやるべきだと考えました。市の職員であろうと誰であろうとボランティアだ、関心のある人は誰でもいいから参加して欲しいと声をかけた。すると盛岡からも東京からも参加したいという人がでてきました。東京の方は途中でパリに転勤になり、パリからメールで意見を出してくれた。お金をかけずにみんなで頑張ろうという雰囲気が出来上がりました。そのプロジェクトの中では、市役所の職員だ、民間だという隔たりはなくなり、個人として付き合うようになったのです。私が作りたいと思っていたのはこの雰囲気だったのです。

●社会教育と地区センター

菊池　2つ目の要因としては、今では、お母さんたちのグループでも、農家民宿や農家レストランなど、いろいろな起業を手掛けています。まあ、私がかなり仕掛けたところがありますが、でも実際はその前にお母さんたちから尻を叩かれるくらいでした。そういう積極性がでてくる背景には、工藤千蔵市長の時代に社会教育に力を入れたことがあります。当時、市長というのは立派なインフラを作るのが仕事でした。そうでないと選挙に勝てない。しかし工藤市長はそうではなくまちづくり、とくにコミュニティ形成に力を入れました。

それを象徴するのが地区センターです。地区センターは、所長と保健師と公民館主事が中心です。地区センター所長と保健師は市長部局で、公民館主事は教育委員会です。この3人セットで配置したわけです。地区センター所長は、当時、課長補佐ポストで、係長から補佐に昇格する人を充てました。つまり新進気鋭の人が来て、それぞれの地区ごとにアイディア競争が起きるわけです。地区センターは当時8カ所で、そこで地域のコミュニティが醸成され、結果的に自分の大好きな地域のことだから、積極的に意見がでます。

私の地区の自治会長は農家のお父さんでした。このままでは地域がダメになってしまうから、昔あった神楽を復活しようと声をあげた。地域には私のような市の職員もいますから、これを巻き込んでいった。そういう動きが遠野の各地で起きました。神楽は予想以上に復活しました。地区センターを中心としてまちづくりをしてきたことが、20年、30年を経て地域に根付いてきたと言えます。科学的に証明することはできませんが、ここ数年、なぜ遠野が違うのか、と思い返してみると、こういう蓄積があったと思うのです。

岡崎 1968(昭和43)年に「トオノピアプラン」、いわゆる総合計画の基本構想が策定され、それを受けてカントリーパーク構想ができ、地区センターに展開し、その中心施設として市民センターが１９７０（昭和45）年に着工されました。市民センターというのは、市長部局と教育長部局の二枚辞令で職員が動く仕組みと同時に、それに即した施設整備もおこなわれました。現在でもこういう運用は難しいのですが、当時、遠野市が日本で唯一なしえたことです。これが工藤市長のもとで総合計画に基づいて、行われたことでした。

菊池　いちばん特徴的なのは、二枚辞令なので保健師が教育委員会にも所属していたということです。教育長がトップの社会教育課と連携をしていました。つまり保健師は社会教育の担い手だとされたわけです。

岡﨑　なぜ工藤市長はそういうことを構想できたのでしょうか？

菊池　いろいろなリーダーに通じることかと思いますが、工藤市長は私欲のない人だったと思います。そして遠野が大好きだったということです。次から次へと出てくる人材に対して「遠野を良いまちにしてくれ」というメッセージが込められていたと思います。

岡﨑　そういえば遠野の博物館の前に、市民センター完成時、１９８０（昭和55）年に建てられた工藤市長の言葉を刻んだ石碑があります。そこには「出でよ、陸続《りくぞく》として出でよ、ふる里を愛し、ふる里の明日を創る人たち」と刻まれています。その思いが込められていたのですね。

●遠野物語ファンタジー

岡﨑　全国的にあまり知られていないのが「遠野物語ファンタジー」の活動です。１９７６（昭和51）年に始まり、もう40回を超えていますね。

毎年2月の1番寒い頃に市民センターで開催される、遠野物語を題材とする市民オペラですが、これは素晴らしい文化活動です。物語を作る人、作曲する人、舞台に上がる人、舞台の前で演奏するオーケストラ、これら全てを遠野市民が担っている。なぜこんなすごいことが遠野でできるのか、この原点はなんでしょうか？

菊池　いきさつは市民センターのこけら落としです。千人近く入るホールは、当時、近在にもなく、こけら落としには東京からプロのオーケストラを呼びました。市民センターに関わった人たちは皆感動しましたが、お金の都合で毎年呼べません。じゃあ自分たちでやろうとなったのです。

しかし中だるみもあり、止めようかという話しも出ました。そこで、芸術性を求めるだけでなく、自分たちで、全くの素人が頑張って、一つの舞台を作ろう、となりました。身近な人たちが頑張ってやっていることに、皆心を打たれるのです。「遠野物語ファンタジー」は、自分の好きなまちに関わっている、という思いを共有する場なのです。もともと他所から来る人たちに見せるものではなかった。さすがに40回を超えると、止めるわけにはいかなくなってきました。

岡﨑　自治体学会としても「遠野物語ファンタジー」の試みに、田村明まちづくり賞を出しましたが、40回を超えて、あれだけの規模と内容で継続されていることに感動します。

菊池　ひとつの戦略もあります。毎年、旧村単位がファンタジーのテーマになり、舞台化されるのですが、その地域で廃れそうな郷土芸能や行事を、それに合わせて意図的、戦略的に題材として登場させるのです。そうすることで皆舞台に立つために練習し、存続に繋がります。

岡崎　舞台をみていると、遠野物語をテーマにはしていますが、途中で子供たちのバレエが出てきたり、郷土芸能で神楽が出てきたりと、ごった煮のところはありますが、あの内容で継続していること自体がすごいことだと思います。

●市役所を早期退職

岡崎　菊池さんは市役所を少し早めに退職され、NPOを立ち上げられましたが、その時の思いはどういうものだったのでしょうか。というのは、先日、宮崎県高千穂町の山間部にある秋元という集落に行きました。そこでは、高千穂町役場を10年ほど早く退職した飯干淳志さんが、民宿経営と高品質な甘酒、どぶろく、お菓子等の生産を手掛け、若い人を10数人雇用して、地域の再生に取り組んでいます。早めに市役所や町役場を辞めて、そこで培った能力をまちづくりに活かしている人が出てきました。菊池さんはその先駆けだろうと思います。

菊池　役所は一番情報が集まるところだし、どこにアプローチすればお金が出るかも分かっています。そういうことを利用している部分もありますが、私は野球でいうと長嶋流です。来た球を振ったらたまたまホームランになったということも多かった。気配とか感性とか、そういう感じで動いている部分もあります。

10年前はそこまで意識していませんでしたが、行政や商工会、観光協会、農協等と関わる中で気が付いたのは、組織というのは作ったときに老化が始まるということです。特に公平公正を図り、コンセンサスをどうとるか、としているうちにスピード感がなくなってしまう。今のまちづくりの手法として、それに対峙するわけではありませんが、「意図的に合意形成を無視する」という手法もあると思います。つまり、反応してきた人や組織を線で結ぶ、そしてそれを塊として、活動に結び付ける、そうしていくうちに商工会や観光協会にも理解して貰う、そういうやり方もあるのだとアピールすることができるのです。

　それはＮＰＯや民間として、自分の思ったことをある程度我が儘にできるようになったからです。またそういうことが今の時代に求められていると思います。何かを仕掛けるときの目利きであったり、5年、10年の責任も伴いますが、将来的な事業などを考えると、そういう手法が必要だと思います。こういうことは、残念ながら市役所等の公の機関ではなかなかできない。

岡﨑　それは定年まで待ってもできたのではないでしょうか？

菊池　そうかもしれません。ただ私は、もう10年早く辞めていれば、今日はもっと成果の上がったお話ができたという思いがあります。高千穂町の飯干さんが10年早く辞められたのは正解だと思います。

●遠野の暮らしぶりを活かす

岡﨑　主にＮＰＯで手掛けられたのが、当初は農家民宿の拡大や地域間交流事業でした。農家の人たちをうまくネットワーク化して、進めてこられた。それを仕掛けた背景は何でしょうか？

菊池　基本的には遠野が大好き、農家の暮らしそのものが好きだということに尽きます。

１９９２（平成4）年に「グリーンツーリズム」

という言葉を農水省が作りましたが、それを進めようとするとき、縦割行政が弊害となりました。農水省は農家民宿を拡大しようとしたが、厚生労働省の規制があり、全く進みませんでした。やむなく農作業体験がグリーンツーリズムだと、体験メニューを沢山作る方向に流れていきました。

それに対して、私は非常に違和感を持っていました。農作業体験をするために、東京からわざわざ5万円を払ってくるのか。それは違う。農家の暮らしそのもの、暮らしぶりを感じて貰うことが重要ではないか。どこで寝食をするか、どうやって一日を過ごすのか。農家と一緒になって、なんともない日常を過ごす、自然の中で時間を過ごすことに、いちばん価値があると思ったのです。それが遠野を守り、遠野を後世に引き継ぐためにも、重要だと思っています。

私は、農村は神の知恵で作り、都市は人間の〝浅はかな〟知恵で作ったと思っています。地球で暮らすこととは、農山漁村で暮らすことだと思います。都市で暮らす人に対して、村で暮らすことをアピールしていかなければならない。我々がやっている事は、遠野のためというよりも、都市で暮らす人々に対して農村についてもっと理解を深めて貰うことだと考えています。

我々と一緒に、農家民宿やレストランをやってくれているお母さんたちのなかには、最初は私に〝騙されて〟農家民宿を始めたお母さんもいましたが、涙が出るようなエピソードもあります。ある地区に素敵なインテリアや地場産品を使った料理を出し、その暮らしぶりが評判の農泊を経営している家がありました。その家の近隣に空き家が出て、同じような農泊ができるように勉強会をしようと、その人を呼びました。

ステキなインテリアの使い方や地場の食材の料理などを教えて貰えると、30人ほどが集まりましたが、開口一番、彼女は「ここに住むのはどういう人ですか。どういう暮らしをする人ですか？」と言ったのです。どういう人が、どういう思いを持って暮らすかが大事だと、言い放ったのです。つまり暮らしぶりが物に反映されるのです。まさにこれこそ我々が追求してきたことでした。これは、昔から遠野がやってきたことが、血となり肉となり、内発的に出てきた表現だと思います。それを聞いた時は涙がでました。

岡崎 菊池さんの思いをよく理解してくれたのですね。グリーンツーリズムのもう一つの拠点は九州で、熊本県小国町が主催していた「九州ツーリズム大学」は、その動きをリードしてきました。また熊本県人吉市の本田節さんや、先ほどの高千穂町の飯干淳志さんたちが中心となって「ムラたび九州」といった組織もできています。

また全国的にみても、都市から移住した若い人たちや、地域おこし協力隊を経験した人が農家民宿、レストラン、カフェなどを経営しているケースはかなり出てきています。もともとその地域で暮らしてきた人も含めて、人材的にも全国にかなり可能性はあります。また立派な古民家や食材、何にも増して集落ごとの歴史性、文化性など、日本の農山漁村には埋蔵された資産が沢山あります。取り組んでみたいという人たちを遠野に連れてきて、幾つかの実例を見せて、菊池さんの話を聞けば、大きな力になります。遠野はそういうモデル的な役割を担っていると思います。

菊池 それは私も自覚しています。こういう事は口では言ってみたものの、本当にそうなのかと思うところもあります。7～8割は疑いの目で見られます。また実際にやっていくうちに分かることも多いのです。我々も遠野でやりたいことの半分もまだ達成できていません。

でも一気にやるのはよくない。一気にやると一気にダメになる可能性もあります。生活のリズムに合わせて進めていくことが大事だと思います。例えば移住者との関わり合いだけを中心に進めてしまうと、その人たちだけの住むエリアを作ることになり易く、それではダメだと実感しています。我々のライフスタイルは変えないというのが遠野流、という思いは皆経験的に持っています。

岡崎　最後に、その農家民宿的なものを基盤としたまちづくりの新しい展開はどんな方向でしょうか？

菊池　私のNPOではグリーンツーリズムに力を入れて、農山村部のテコ入れをしてきましたが、最近それに対してまち場（市街地）から文句がでてくるようになりました。「山里ネットはまち場を見捨てたのかと」言われます。そこで新たな試みとして、まだ結果は出ていませんが、遠野のまち場も一つの財産として、村里でやっていた手法をまち場にも落とし込んで、まち場の宝探しをやり、地図作りをしています。そこに意外と見過ごされているお宝が眠っている。商店のシャッターを上げることは難しいかもしれませんが、いろんな手練手管を使い、まち場がそれなりに活性化する手法があるのではないかと思っています。まち場にも遠野のスタイルがあると思うのです。これまでの遠野スタイルをただ当てはめるのではなく、それぞれのまちに資源があるので、それぞれのまちに住む人たちが脳みそに汗をかいて、工夫をしてオリジナルなものをつくる作業が必要だと思います。

岡崎　中心市街地再生の基本は個店の魅力ですね。そこで商売をする店や経営者の魅力が磨かれて来ないと、いくら新しい店を外から入れても、持続性がないでしょう。ただ遠野は、「遠野」と言うだけで、皆がわかるブランド力のあるまちです。ほかにも「津和野」とか「倉敷」とか幾つ

かそのような地域があると思います。「遠野」ということをバックグランドにしながら、潜在的な魅力を一つ一つ磨き上げ、点を線で繋いでいくことが大事なのだと思います。それが中心市街地に反映されていくと面白い市街地ができ、活性化していくのではないでしょうか。期待しています。

（了）

２０１８（平成30）年12月2日

於いて、遠野みらい創りカレッジ（旧遠野市立土淵中学校）

〈菊池　新一〉

・ＮＰＯ法人遠野　山・里・暮らしネットワーク会長

・元遠野市職員

あとがき

本書は、自治体学会・自治立志塾（集中講義）での、講義の内容と対論の概要をもとに取りまとめたものである。集中講義は、第1回が東京で（２０１７年２月25、26日）、第２回が愛媛県内子町で（２０１８年１月20、21日）、第３回が大阪府豊中市で（同年６月30日〜７月１日）、第４回が岩手県遠野市で（同年12月１、２日）開催された。

初回の都内での自治立志塾に次いで、３回を地方で開催させていただいたのは、この集中講義への参加者に、屋内での講義だけでなく、実際に多様なまちづくりが展開している、地域の現場を体感していただきたかったからである。さいわい内子町では講義の合間に、内子町関係者による案内で、町並保存地区を中心に内子町のまちづくりの現場をみるプログラムも実施された。

また東京以外の３回の立志塾では、私だけの講義ではなく、４講目あるいは最後の５講目において、地元でまちづくりに取り組んでこられた方との対論の形をとらせていただいた。内子町では町並保存で、地域の中核となって進めてこられた岡田文淑氏、遠野市ではグリーンツーリズムや産業振興に取り組んでこられた菊池新一氏であった。いずれも旧知の間柄であり、私自身がまちづくりに関して、色々と教えられてきた恩人でもある。お二人とも快くお引き受けいただき、対論の当日も楽しくお話をさせていただいた。

第三回の豊中市での立志塾開催の企画は、近畿自治体学会からの要請をいただき実現したものである。直前に発生した大阪府北部地震の影響が残るにもかかわらず、豊中市をはじめ地元の方々の多大なご協力とともに、近畿一円から多数の参加者を得て開催された。その経緯もあり、対論は、長く近畿自治体学会を率いてこられた元自治体学会代表運営委員の中川幾郎氏（帝塚山大学名誉教授）を中心に内容が検討され、中川氏、兵庫県朝来市の馬袋真紀氏と私との鼎談となった。またその準備や対論のとりまとめにあたっては、近畿自治体学会の相川康子氏にひとかたならぬお世話になった。

4回の各地での講義は、本書にとりまとめた内容と、ほぼ同様の内容であった。ただ豊中市での講義では、地元からの要望や大阪の郊外都市である豊中市の地域性を考慮して、中心市街地の空洞化と再生、またまちづくりと産業振興に関する課題という二つのテーマを加えたものとした。ただ、本書では紙幅の関係でこの二つの課題については割愛した。

また本書をとりまとめるにあたっては、対論部分を除いて、講義内容の速記録を草稿にするという手順はとらず、講義時に使用した講義概要をもとに、新たに書き下ろした。会場の雰囲気で、本題から逸脱する部分が多々あったためである。従って現地で講義をお聴きいただいた方々からは、講義内容と異なるというご批判が出るかもしれないが、ご理解とご寛容をいただきたい。

集中講義が開催された4箇所では、それぞれの地域の自治体職員、自治体学会関係者の皆さんに大変お世話になった。感謝申し上げたい。また内子町での開催時には稲本隆壽町長、遠野市では本田敏秋市長にもご参加いただいた。お礼を申し上げたい。最後に㈱ぎょうせいのご担当者には、出版に関してひとかたならぬお世話をいただいた。感謝にたえない。

２０１９年初秋

岡崎　昌之

資　料
自治体学会・自治立志塾（集中講義）開催概要

●東京

2017 年 2 月 25 日・26 日
会場：内田洋行・新川本社ユビキタス協創広場
　　「まちづくりの経緯と思想」
　第 1 講　「地域社会研究会」の軌跡
　第 2 講　“まち”“地域”の諸概念
　第 3 講　“自立”“自律”“内発”をめざすまちづくり
　第 4 講　人口減少社会の実像
　第 5 講　人口減少社会を越えて
主催：自治体学会
参加者：23 人

●愛媛県内子町

2018 年 1 月 20 日・21 日
会場：内子自治センター
　　「まちづくりの経緯と思想」
　第 1 講　まちづくりの変遷、まちづくりへの取組
　第 2 講　“まち”“地域”の諸概念
　第 3 講　内子まちあるき
　　　　　特別講演「まちづくり新世代～高校生の取組～」
　第 4 講　人口減少社会の実像と未来
　第 5 講　対談・岡田文淑氏：内子のまちづくりへの想いとこれからのまちづくり
主催：えひめ地域づくり研究会議
共催：自治体学会、（公財）えひめ地域政策研究センター
後援：愛媛県、愛媛県教育委員会、内子町、愛媛新聞社、NHK 松山放送局
参加者：48 人

●大阪府豊中市

2018年6月30日・7月1日
会場：豊中市立文化芸術センター
「まちづくり再論」
第1講　いま何故“まちづくり”再考か
第2講　都市部（住宅都市、地方都市含む）の問題と再生～中心市街地の空洞化と再生～
第3講　小規模都市の問題と再生～まちづくりと産業振興～
第4講　鼎談：自立・自律を目指すまちづくり～自分たちのまちは自分たちで創る－人口減少・少子高齢化時代におけるコミュニティ再生・人財創出～中川幾郎氏・馬袋真紀氏・岡﨑
第5講　総括～人口減少社会を越えて～
主催：岡﨑昌之先生集中講義「自治立志塾in豊中」実行委員会、近畿自治体学会
共催：豊中市、自治体学会
参加者：92人

●岩手県遠野市

2018年12月1日・2日
会場：遠野みらい創りカレッジ（旧遠野市立土淵中学校）
「まちづくり再考」
第1講 「地域社会研究会」のもたらしたもの1～地域への視点
第2講 「地域社会研究会」のもたらしたもの2～まちづくりの変遷と取り組み
第3講　人口減少社会の実像と課題
第4講　人口減少社会を越えて
第5講　対談・菊池新一氏：遠野を拠点にまちづくりに取り組む
主催：岡﨑昌之先生集中講義「自治立志塾in遠野」実行委員会、東北自治体学会
共催：遠野市、㈳遠野市教育文化振興財団、㈳遠野みらい創りカレッジ、認定NPO法人遠野 山・里・暮らしネットワーク
参加者：20人

索　引

【著者略歴】

岡﨑　昌之（おかざき・まさゆき）　1945年岡山市生まれ。法政大学名誉教授。早稲田大学第一政治経済学部経済学科卒業。(財)日本地域開発センターにて企画調査部長、月刊『地域開発』編集長を歴任後、1994年から福井県立大学経済学部、2001年より法政大学現代福祉学部、大学院人間社会研究科教授、学部長を経て、2015年名誉教授。地域づくり団体全国協議会会長、全国過疎連盟・過疎対策研究会委員長他。また自治体学会代表運営委員、地域活性化センター「全国地域リーダー養成塾」主任講師、国土政策審議会専門委員等を歴任。著書に『地域は消えない・コミュニティ再生の現場から』（編著、日本経済評論社）、『地域経営』（放送大学）、『都市地域経営』（共著、放送大学）、『地域づくり読本』『自治体の首長』『地域の自立と共生』（以上共著、ぎょうせい）ほか。

まちづくり再考―現場から学ぶ地域自立への道しるべ

令和２年１月10日　第１刷発行

著　者　岡﨑　昌之

編集協力　自治体学会

発　行　株式会社**ぎょうせい**

〒136-8575　東京都江東区新木場１－18－11

電　話　編集　03-6892-6508

営業　03-6892-6666

フリーコール　0120-953-431

URL:http://gyosei.jp

〈検印省略〉

印刷　ぎょうせいデジタル㈱

ISBN978-4-324-10767-6

(5108582-00-000)

〔略号：まちづくり再考〕